新しい時代の
図書館情報学

第3版

山本順一[編]

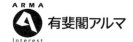

第3版はしがき

　現在は公益財団法人という組織形態をとっている国際文化会館の図書室長から研究者に転じ，図書館情報大学の教授から副学長を務められた藤野幸雄先生（1931-2014）が中心となり，つくられたのが，本書の起源である『図書館学入門』（1985）である。国際文化会館の定款3条には，「この法人は，多様な世界との知的対話，政策研究，文化交流を促進し，自由で，開かれた，持続可能な未来をつくることに貢献すること」が設置目的であるとうたい，4条1項5号は「政策課題，戦略，国家間・多文化間の文化交流と知的協力に資する図書，及び日本に関する英文出版物等を主とする図書室」を運営すると定めている。これはまさしく一面において，日本の図書館情報学の任務と館種を横断する日本の図書館業界の活動とすべき業務と重なるように思う。

　恩師である藤野先生たちとともに『図書館情報学入門』（1997）を刊行し，激変する情報環境を背景に『新しい時代の図書館情報学』（2013）を本書執筆の仲間と一緒にあらわした。2016年には統計や事実・データをアップデートし補訂版を出したが，それからもう8年が過ぎた。世界も日本も，その間に以前よりも猛烈なスピードで変わった。生成AIが人間に代わって認識・判断し，日常の大方の社会経済的な業務をこなすかもしれないという幻想が社会を覆っているかに見える。

　『新しい時代の図書館情報学』の初版を出したときには，図書館情報学の研究教育の現場において中堅・若手であったわたしたち執筆仲間が，現在，一部はベテランとなり，また一部は中堅に育っている。今回の第3版を刊行する目的は，補訂版刊行のあとの社会変

動，状況変化を反映するよう，統計や事実・データをアップデートするとともに，図書館情報学の初学者および生涯学習を実践しておられる先端的市民の方々に対して，常に清新な研究教育活動を念じているわたしたち執筆者の現在の立ち位置を確認することにある。

世界を眺めたとき，先進国の座を滑り落ちようとしているこの国は多くの面で異常である。この国では図書館実務界に指定管理者制度という国際的にもまれな仕組みを導入し，先進諸国では専門職として遇されているライブラリアンに相当する業務従事者たちを低賃金労働に追い込んでいる。アナログ，デジタルの情報を市民や学生，児童生徒に提供するプラットフォームである図書館の位置づけも，先進諸国のように差別や偏見等の助長防止を任務とするコンテンツモデレーター（受送信情報の内容監視機能）とはなっていない。大きな可能性と害悪の両面をもった人工知能（AI；Artificial Intelligence）に対する向き合い方も，世界の動きに右往左往し，腰が定まらない。いたるところにコピーが発生する，発生させざるをえないデジタル・ネットワーク社会において，アメリカなどは TEACH Act によって教育の場における著作物利用は無償としているが，この国では営利的著作物と同様，原則として有償とし，国民の血税を原資とする公的資金によって支弁している。ここで取り上げた事柄は，この国の図書館業務を確実に圧迫し，図書館情報学という学問領域を窒息させている。

私有財産制とパブリックコモンズ，市民のコミュニティ意識と文化および公共的なコントロールのバランスに欠ける都市設計の基盤思想と行き当たりばったりの国家運営。冷徹な思考能力と温かい感情をもつ人たちが，根底から考え直すべき時期が熟しているように思う。そのときにほんとうに役に立ちうるのがグローバルに展開・脈動する図書館情報学であり，この国では投入すべき公的資金に大

鉈を振るわれ，多くの働く職員をプレカリアート化されてきた図書館である。ささやかながら，この国の図書館の理論と実践の賦活を願い，若い学生・市民への負託を意図して，この書物は上梓された。

 2024年11月

執筆者を代表して

山 本 順 一

はしがき

　本書のタイトルは『新しい時代の図書館情報学』である。ウィキペディア*では，'情報学'に「情報をどのように扱うかについてを考究する学問である」という胡散臭い定義が与えられている**。

　世の中でその分野に属する'情報'とその'取扱い方'を取り扱わない学問分野は存在しない。しかし，この茫洋とした'情報学'概念の書出しのあとに，「歴史的には，伝統的な図書館学に，文献情報の管理・検索に関する学問領域を取り入れた図書館情報学を指すことが多かった」とあり，人文学，社会科学，理学，工学等に拡散したりご都合主義的に融合したりする，'情報学'という20世紀後半に出てきた学問の中核的部分が，「図書館情報学」であることがわかる。英語版のウィキペディアの「図書館情報学」(library and information science) の項目では，「'図書館情報学'という用語は，20世紀の後半，一般に学術的な学問領域としてではなく（図書館員という）専門職養成プログラムから大学の組織単位へと発展した'図書館情報学部'と結びついている」とされている。ということは，21世紀の'新しい時代の図書館情報学'は，高度情報通信ネットワーク社会を背景に「図書館に関係する技術・運営・思想などの諸要素を対象」とする実践的領域と観念できそうである。このときの'図書館'像とは，必ずしも伝統的な紙媒体のみを収集・提供するものではなく，サイバースペースに大きく乗り出し，変貌を強いられるものである。原初は一体でその後分離した公文書館，博物館等との先祖返り的な機能的融合もありうるかもしれない。

　そのような図書館情報学の現状と課題，将来動向について，大学や短大の司書課程，司書講習で学ぶ人たちや，図書館という公的施

設とそのサービスに関心を寄せる市民を対象に，本書は書かれた。本書は，1985年に藤野幸雄先生と荒岡興太郎先生が共著で書かれた『図書館学入門』，および1997年に私も加わり稿を新たにした『図書館情報学入門』が多くの人たちに利用された系譜に連なるものである。図書館情報学の教育に携わる人たちは，外から押しつけられたペダンチックな教育観と教育内容をありがたがるのではなく，図書館情報学の教育者ないしは研究者として，初学者にもこの分野のおもしろさをわかりやすく伝えうる固有の内発的なものをもつべきだと考える。今回の執筆は，縁あって2011年度から2012年度にかけて図書館（情報）学教育部会の幹事を務めた人たち全員にそのような宿題を課し，分担し，提出していただいた答案という性質をもつ。

　最近は，高度なものから平易なものまで'図書館情報学'のテキストが数多く出されている。しかし，上に述べた当初の意図が実現できていれば，本書もそれなりの期待に応えられるはずであるし，着実に読者に受け入れられるものと信じる。今後，読者諸賢には忌憚のない批判をお願いし，それを受けて若い執筆者たちには研鑽を深め，さらに表現と内容に工夫をする機会が訪れることを期待したい。

　　2013年8月

　　　　　　　　　　　　　　　　　　　　　　　　　山 本 順 一

* その取扱いについてはとりわけ大学においてかまびすしいが，アメリカでも日本でも裁判所が判決文に引用するまでになっている（指宿信「Wiki 時代における"引用"を考える」Westlaw 判例コラム）。
** この'情報学'の定義は，2013 年 8 月にアクセスした日本語版ウィキペディアから引用したものである。日本語版ウィキペディアの項目には，英語版を翻訳したものが多いのであるが，2024 年現在では英語版の'information science'の項目と日本語版の'情報学'とは様相を異にしており，そこには図書館情報学に対する彼我の認識の相違がうかがえる。

目　次：新しい時代の図書館情報学〔第3版〕

第 I 部
図書館と現代社会

第1章　図書館の意義と役割　3

1　日本の図書館の現状 …………………………………………………… 4
2　図書館を構成する諸要素 ……………………………………………… 5
　　図書館資料（5）　建物と施設・設備（6）　図書館員（ライブラリアン）（7）　図書館利用者（8）
3　図書館に期待されている役割 ………………………………………… 8
　　民衆の大学としての図書館（8）　教育的役割（9）　情報提供の役割（10）　場を提供する役割（10）
4　図書館に育てられた人々 ……………………………………………… 13
　　エリック・ホッファー（13）　チェスター・カールソン（14）
　　瀬島龍三（15）
5　図書館と地域経済の振興 ……………………………………………… 16

第2章　図書館の歴史　19

1　西　　洋 ………………………………………………………………… 20
　　古代（20）　中世（21）　近世（22）　近代（24）
2　日　　本 ………………………………………………………………… 29
　　古代（29）　中世（31）　近世（32）　近代（34）

vii

第3章　図書館の機能と種類　40

1　図書館の機能 …………………………………………………………… 41
図書館の諸機能（41）　収集（41）　組織化（42）　保存・管理（44）　提供（44）

2　図書館の種類（館種） ………………………………………………… 45
国立図書館（45）　公共図書館（48）　大学図書館（50）　学校図書館（52）　専門図書館（53）

第 II 部
図書館を利用する

第4章　図書館のサービス　61

1　パブリックサービス …………………………………………………… 62
閲覧（62）　貸出（63）　予約，リクエスト（64）　複写（64）　レファレンスサービス（65）　情報検索サービス（65）　レフェラルサービス（66）　カレントアウェアネスサービス（67）　利用案内（68）　図書館におけるイベント開催（68）

2　テクニカルサービス …………………………………………………… 69
情報資料の選択・受入（69）　目録作業（71）　分類作業，件名作業（73）　装備（75）

3　コミュニティに寄り添う図書館 ……………………………………… 76

第5章 図書館のコレクション　79

1 コレクション構築方針と選択基準 …………………………………… 80
　コレクション構築方針（80）　資料選択に関する論争（81）
　選択基準の例（83）

2 図書館資料 …………………………………………………………… 84
　印刷資料（84）　非印刷資料（85）

3 出版流通と図書館 …………………………………………………… 85
　出版流通（86）　委託販売制度と再販制度（88）　出版市場と
　図書館の関係（89）　出版情報（90）

4 インターネット情報資源 …………………………………………… 91
　インターネット情報資源の特質（91）　電子書籍（93）　電子
　ジャーナル（94）　オープンアクセス（95）　地域アーカイ
　ブ（96）

第6章 図書館の情報組織化　99

1 情報組織化と目録 …………………………………………………… 100
　インターネットと情報組織化（100）　図書館における目録
　（101）　目録法と目録規則（102）

2 目録法の特徴的考え方 ……………………………………………… 105
　典拠コントロール（105）　「著作」と「版」（108）

3 「主題」からのアクセス …………………………………………… 112
　書架分類（112）　書誌分類と件名：目録上の主題アクセス（113）
　「統制語」による検索（116）

第7章　図書館のネットワーク　119

1. ネットワークの意義 …………………………………………………… 120
2. 日本の図書館ネットワーク …………………………………………… 122
   公立図書館のネットワーク（122）　大学図書館のネットワーク（123）　国立国会図書館の役割（127）
3. 欧米のネットワーク …………………………………………………… 128
   イギリスの公共図書館網（128）　英国図書館の役割（129）　『市民のネットワーク』以後のイギリス（130）　アメリカの公共図書館網（131）　アメリカ連邦議会図書館の役割（132）　アメリカの大学図書館（132）　北欧のネットワーク（134）
4. 国際的なネットワーク ………………………………………………… 135
   国際図書館連盟（IFLA）（135）　OCLC（136）　大規模館の不満（137）

第8章　電子書籍時代の図書館　141

1. 電子図書館の発達 ……………………………………………………… 143
   電子図書館の源流（144）　初期の電子図書館モデルとその展開（145）
2. 電子書籍時代の図書館 ………………………………………………… 147
   情報資料の電子化（147）　電子資料の収集（148）　電子資料の保存（149）　電子資料の提供（150）　電子資料と著作権（151）　電子書籍時代の図書館協力（154）　図書館・博物館・文書館の連携（154）

第9章 図書館利用教育と情報リテラシー　159

1 図書館利用者と情報リテラシー ······················· 160
　サービスとしての図書館利用教育（160）　情報リテラシーと
　問題解決（162）

2 情報リテラシー教育としての図書館利用教育 ··············· 165
　図書館利用教育の方法（165）　図書館利用教育の内容（168）
　情報リテラシーをめぐる図書館の方向性（170）

3 図書館利用教育の実践 ································ 171
　図書館利用教育の実際（171）　図書館利用教育の標準化・理
　論化（172）

第Ⅲ部
図書館で働く

第10章 図書館経営　179

1 図書館と経営 ·· 180
　図書館経営の意義（180）　非営利組織としての図書館経営の特
　徴（180）

2 図書館経営の要素 ···································· 182
　図書館の外部環境と経営資源（182）　図書館の外部環境（182）
　図書館の経営資源（184）　PDCAサイクルと図書館評価（185）
　図書館経営の課題に対して（186）　図書館評価（188）　図書
　館経営の動向（189）

第 11 章　図書館員になるということ　193

1　日本の図書館員養成教育の歴史 …………………………………… 194
　戦前（194）　第2次世界大戦後（195）

2　アメリカの図書館員養成教育の歴史 ………………………………… 196
　デューイとコロンビア大学（196）　ウィリアムソン報告（197）
　図書館学から図書館情報学へ（198）　アメリカの図書館員の実態（198）

3　日本の図書館情報学教育と図書館員の労働市場 …………………… 199
　司書資格とキャリアパス（201）　図書館員のリカレント教育（204）

第 12 章　知的自由と図書館の自由　207

1　愛国者法と図書館 ……………………………………………………… 208

2　「知的自由」という概念の系譜 ……………………………………… 209
　図書館の権利宣言（209）　市民の「知る権利」の保障（210）
　実質的人種差別の否定とアウトリーチサービスの実施（211）

3　日本における「図書館の自由」 ……………………………………… 213
　戦後日本の「図書館の自由」（213）　「図書館の自由に関する宣言」の採択（214）　公共図書館の普及過程における図書館の自由（215）　社会的差別と「図書館の自由」（216）

4　「知的自由」（図書館の自由）概念の構造 ………………………… 217
　市民と公権力（217）　市民の図書館利用にかかわる公的権利（218）　図書館の主体性・独立性（220）

5　インターネット，デジタル化の浸透と知的自由・図書館の自由 …… 223
　レコメンドエンジンと「図書館の自由」（223）　ビッグデータと図書館サービスの向上 vs. 利用者の秘密（224）

事項索引　227
人名索引　235

Column 一覧

① 図書館は民業を圧迫するところか？ ……………………… 12
② カーネギー図書館 …………………………………………… 27
③ 刑務所図書館 ………………………………………………… 54
④ 図書館員の情報資料知識 …………………………………… 66
⑤ 時代を反映する新聞・雑誌 ………………………………… 82
⑥ 「著作」をめぐって ………………………………………… 110
⑦ 電子ジャーナルと相互利用 ………………………………… 126
⑧ アリアドネ …………………………………………………… 145
⑨ 情報リテラシー教育とラーニングコモンズ ……………… 166
⑩ 図書館員と図書館 …………………………………………… 190
⑪ 他に尽くして自分は消耗する ……………………………… 202
⑫ 自分の'秘密'に鈍感な現代人 ……………………………… 221

＊　各章末引用・参考文献の《ウェブページ》の詳細（URL）については，有斐閣HP内の本書誌情報ページにて提供いたします。

執筆者紹介（＊は編者，執筆順）

＊山本 順一（やまもと じゅんいち）　　　　　　　執筆担当　第1, 12章
　現職　フリーランスの研究者・著述家
　主著　『コンメンタール著作権法 改訂版』Ⅰ・Ⅱ（分担執筆，第一法規，2020），『情報メディアの活用 三訂版』（共編著，放送大学教育振興会，2016），『図書館概論——デジタル・ネットワーク社会に生きる市民の基礎知識』（ミネルヴァ書房，2015），『シビックスペース・サイバースペース——情報化社会を活性化するアメリカ公共図書館』（翻訳，勉誠出版，2013）

三浦 太郎（みうら たろう）　　　　　　　　　　　執筆担当　第2章
　現職　明治大学文学部専任教授
　主著　『図書館思想の進展と図書館情報学の射程』シリーズ〈図書館・文化・社会〉9（共編著，松籟社，2024），『社会的媒体としての図書・図書館』シリーズ〈図書館・文化・社会〉7（共著，松籟社，2023）

笠井 詠子（かさい えいこ）　　　　　　　　　　　執筆担当　第3, 4章
　現職　同志社大学嘱託講師
　主著　『資料・メディア総論——図書館資料論・専門資料論・資料特論の統合化 第2版』（分担執筆，学芸図書，2007），『学校教育と図書館——司書教諭科目のねらい・内容とその解説』（分担執筆，第一法規出版，2007）

瀬戸口 誠（せとぐち まこと）　　　　　　　　　　執筆担当　第5章
　現職　梅花女子大学文化表現学部教授
　主著　「『高等教育のための情報リテラシーの枠組み』の意義と課題」『図書館界』(71(1), 2019)，『図書館は市民と本・情報をむすぶ』（分担執筆，勁草書房，2015）

渡邊 隆弘（わたなべ たかひろ）　　　　　　　　執筆担当　第6章
　現職　帝塚山学院大学教授
　主著　『三訂 情報資源組織論』現代図書館情報学シリーズ9（共著，樹村房，2020），「新しい『日本目録規則』のすがた――何が新しくなるのか」『現代の図書館』（55(4)，2017）

村上 泰子（むらかみ やすこ）　　　　　　　　執筆担当　第7, 8章
　現職　関西大学文学部教授
　主著　『資料組織演習――書誌ユーティリティ，コンピュータ目録 改訂第4版』（共著，エム・ビー・エー，2017），「電子書籍と知の公共性」『図書館界』（67(2)，共同執筆，2015）

野末俊比古（のずえ としひこ）　　　　　　　　執筆担当　第9章
　現職　青山学院大学教育人間科学部長・教授
　主著　『情報リテラシー教育の実践――すべての図書館で利用教育を』JLA図書館実践シリーズ14（編集担当・分担執筆，日本図書館協会，2010），『専門資料論 新訂版』JLA図書館情報学テキストシリーズⅡ-8（共編著，日本図書館協会，2010）

大谷 康晴（おおたに やすはる）　　　　　　　　執筆担当　第10章
　現職　青山学院大学コミュニティ人間科学部教授
　主著　『情報検索演習』JLA図書館情報学テキストシリーズⅡ-6（編著，日本図書館協会，2011），『図書館情報専門職のあり方とその養成』シリーズ・図書館情報学のフロンティア（分担執筆，勉誠出版，2006）

川原亜希世（かわはら あきよ）　　　　　　　　執筆担当　第11章 1, 3節
　現職　近畿大学短期大学部准教授
　主著　「図書館員の養成と研修」『図書館界』（70(1)，2018），『図書館実習Q＆A』（共著，日本図書館協会，2013），「省令科目の成立に影響を与えた諸要因について」『図書館界』（63(2)，共同執筆，2011）

松崎 博子（まつざき ひろこ）　　　　　　　　執筆担当　第11章 2節
　現職　就実大学人文科学部准教授
　主著　"Characteristics of Poststructuralism in Jesse Shera's Social Epistemology" *Libraries: Culture, History, and Society* (8(1)，2024)，「シェラの図書館学教育思想とその実践」『図書館文化史研究』（32，2015）

第 I 部

図書館と現代社会

第1章　図書館の意義と役割
第2章　図書館の歴史
第3章　図書館の機能と種類

ヴァスコンセロス図書館(メキシコ)

オックスフォード大学ボドリアン図書館(イギリス)

ストラホフ修道院図書館(チェコ)

([提供] トリップアドバイザー)

第**1**章 | 図書館の意義と役割

ニューヨーク公共図書館本館正面の写真

　本章においては，(公共)図書館という固有の社会的任務を帯びた施設の本質的役割について解説を加える。今日のデジタルネットワーク社会のなかで，図書館は，本や雑誌といった伝統的な紙媒体資料だけでなく，デジタルコンテンツ，インターネット情報資源の提供をもサービスに含む「ハイブリッドライブラリー」の姿をとるに至っている。貧富の格差が拡大し，情報富者と情報貧者の両極に分裂しつつある生涯学習社会で，図書館を活用する知識とスキルは大きな意味をもつ。

1 日本の図書館の現状

　伝統的な定義にしたがえば，図書館は，「図書，記録その他必要な資料を収集し，整理し，保存して，一般公衆の利用に供し，その教養，調査研究，レクリエーション等に資することを目的とする施設」(図書館法2条1項)だとされる。すなわち，図書館は「一般公衆」，換言すればすべての「地域住民」(日本の総人口は約1億2400万人)に対して，情報資料の提供を任務としている。日本に在住する市民すべての利用に開かれた公共図書館は，2023年4月現在，3310館を数える。

　この3000を超える図書館の中身について，少し考えてみたい。日本では，市民に開かれた公共図書館は，'無料貸本屋'のような存在だといわれることが多いし，ちょっと自分の作品が売れるようになった作家から「図書館の貸出サービスの普及によって，自分の作品の売り上げが減少し，'得べかりし利益'を図書館に侵奪されている」という趣旨の発言がなされることがある。ある市立図書館のホームページをのぞくと，2024年7月の半年間の一般書の貸出ベスト10があげられている。『あなたが誰かを殺した』(東野圭吾)，『ブラック・ショーマンと名もなき町の殺人』(東野圭吾)，『52ヘルツのクジラたち』(町田そのこ)，『白鳥とコウモリ』(東野圭吾)，『絡新婦の糸』(中山七里)，『ブラック・ショーマンと覚醒する女たち』(東野圭吾)，『クスノキの番人』(東野圭吾)，『汝，星のごとく』(凪良ゆう)，『星を編む』(凪良ゆう)，『我慢して生きるほど人生は長くない』(鈴木裕介)と続く。

　図1-1を見てもらいたい。これは，人口6万人程度のある郊外都

図1-1　ある郊外都市の市立図書館の蔵書構成（2023年3月末現在）

0 総記	1 哲学	2 歴史	3 社会科学	4 自然科学	5 工学	6 産業	7 芸術	8 語学	9 文学	10 その他	合計 （冊）
7481	10064	23045	32645	19725	29441	11836	39785	5625	97256	54	276957
2.7	3.6	8.3	11.8	7.1	10.6	4.3	14.4	2.0	35.1	0.0	（%）

児童	ティーンズ	参考	郷土	多言語	雑誌	視聴覚	録音図書	合計	令和2年度	令和3年度
122510	11672	4591	15493	7087	30606	18514	767	488197	489210	489417

市における，ごく普通の市立図書館の児童図書等を除く一般図書の蔵書構成である（2023年3月末現在）。2022年の書籍新刊発行点数は6万6885点を数え，そこに占める文学書の割合は1万2108点で18.1%であるのに対して，この図書館では一般図書の蔵書全体の27万6957冊のうち9万7256冊が文学作品であり，35%を占める。この蔵書構成の示唆するところは，日本の公共図書館利用の実態は，読書を通じてのレクリエーション機能の発揮にとどまる部分が大きいことを示しているように思われる（図書館のレクリエーション機能には相応の意義があるし，読書力の涵養に資する効果はあろう。「大活字本」は視覚障害者に，「漫画」や「洋書」は数は少ないがそれを必要とする人たちに提供しようとするものである。「地元地方自治体に関する本」の提供に意を用いているのは，知る権利の保障を意識しているわけであろうが，量的には少ない）。

2　図書館を構成する諸要素

図書館資料　図書館は，文字通り，「図書」（books）の「館」（house）と認識される。ドイツ語で

もBibliothekと表現され，もともとbiblio-（本）と-thek（置き場）の合成語である。ということは，図書館の構成要素は，第1に，少なくない一定規模の本や雑誌に代表される資料であり，図書館とは，これを中核として成立する施設であることがわかる。

しかし，ただたくさんの資料がため込まれていれば図書館ができるというものではない。古紙再生業者が設置している建場には市中から回収してきたおびただしい不要になったダンボール，古新聞や古雑誌，古本が置かれているが，そこは決して図書館にはならない。図書館においては，そこにかかわるすべての人たちが，どこにどのような資料が置かれているかを認識，理解できなければならない。図書館資料の蓄積された空間が一定の秩序をもって構成されていなければならないのである。それを情報資源の「組織化」という。

また，いまのほとんどすべての図書館は，図書や雑誌などの伝統的な紙媒体資料や視聴覚資料だけでなく，インターネットに接続し有償無償のデータベースを提供するとともにウェブページの閲覧を許容している。このようにアナログとデジタルの両方の世界にまたがる図書館の姿を「ハイブリッドライブラリー」（hybrid library）と呼んでいる。なお，2024年4月現在，日本では電子書籍サービスを提供している公共図書館は13%程度ときわめて少ないが，アメリカではほとんどすべての図書館が提供している。

建物と施設・設備　第2に，図書館においては，情報検索と結びついて整然と整理された情報資源が，一定の建築構造物の内部に収蔵され，円滑な図書館資料の探索・利用に資する施設・設備が備えられなければならない。なお，先に述べた通り，最近の図書館は程度の差こそあれ電子情報資源（デジタルコンテンツ，電子資料），インターネット情報資源へのアクセスをも

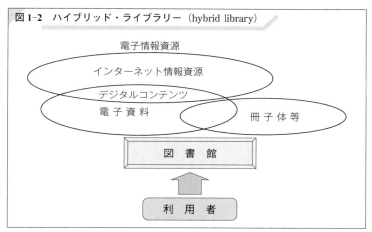

任務に加えることになったので、図書館内にコンピュータの設置は不可欠である。ユネスコの「公共図書館ガイドライン」にも書かれているように、利用者用のプリンターが置かれ、プリントアウトも提供されなければならない。館内にパブリック Wi-Fi も不可欠である。

図書館員（ライブラリアン）

　第3には、このように秩序づけられた多種多数の情報資源を抱え込んだ建物と高度な利用を助ける施設・設備が備えられても、図書館利用者が逡巡することなく、安心して効果的・効率的にそれらを利用するには、利用者を支援するためにさまざまな職務を帯びた関係職員が適宜配置されなくてはならない。さらに、そこには情報資料に関する専門的知識を備え、資料の高度利用に利用者をやさしく導く訓練された職員、ライブラリアンが必要とされる（図 1-3 参照）。それは、電子カルテシステムと、おびただしいマイクロコンピュータによって制御された高度な医療機器を設置する病院にお

> **図1-3　図書館を構成する要素**
>
> 図書館の3要素 ┃ ①組織化された情報資源＝図書館資料
> 　　　　　　　┃ ②建物と施設・設備（IT関連を含む）　　　　図書館の4要素
> 　　　　　　　┃ ③図書館員（専門的ライブラリアンを含む）
> 　　　　　　　　④図書館利用者

いて，それを駆使して高度な医療サービスを実現可能とするすぐれた医師が適切に配置されなければならないのと同じである。

図書館利用者　　上に述べた通り，従来，「図書館資料」「建物と施設・設備」「図書館員」が図書館を構成する3要素とされてきたが，いくら素晴らしいコレクションを擁し，壮麗な建物，高度な施設・設備を整備し，待遇に配慮し，勤勉で優秀な図書館員を配置しても，利用されないのでは意味がない。少しでも多くの利用者を誘引できる立地と簡便な利用手続き，さらにはマーケティング活動が求められる。3要素に図書館利用者を加えて，図書館の4要素とすることもある。

3　図書館に期待されている役割

民衆の大学としての図書館　　市民が図書館に対して期待している社会的役割について考えてみよう。2006（平成18）年の暮れに物議を醸しながら成立した改正教育基本法に新設された3条は，「生涯学習の理念」という見出しを掲げ，「国民一人一人が，自己の人格を磨き，豊かな人生を

送ることができるよう,その生涯にわたって,あらゆる機会に,あらゆる場所において学習することができ,その成果を適切に生かすことのできる社会の実現が図られなければならない」と定めている。そして,続く同法4条1項は「すべて国民は,ひとしく,その能力に応じた教育を受ける機会を与えられなければならず,人種,信条,性別,社会的身分,経済的地位又は門地によって,教育上差別されない」としている。

しかし,日本の学校教育の現状は受験競争,いじめ問題などの寒風が吹きすさぶだけでなく,正規教育を補完するダブルスクール,塾教育も含め,一定の資力と財産がなければ,現実には一定水準の学校教育サービスは受けられない。これは日本だけでなく,学校教育を無償としている一部の国を除き,ある程度は世界の国々に共通する学校教育の壁である。

無産市民とその家庭に生まれた人々は,学校教育に頼らず自分の力で一人前の教養と学識を身につけなければならない。現代社会において,自分で自分を育てるところが図書館である。近代公共図書館の無料原則は,日本の図書館法17条にも「公立図書館は,入館料その他図書館資料の利用に対するいかなる対価をも徴収してはならない」と定められており,生活上の必要と主体的な知的好奇心を満たす利用に対して,授業料を払わなくてもよい'民衆の大学'が図書館である。

教育的役割

図書館は,すべての人にとって,生涯にわたり,身近な場所に存在し,その気になればいつでも利用できる学習センターである。教壇に立つ教師ではなく,手に取った資料の著者を師として,あらゆる機会に,あらゆる場所において学習ができる。図書館が果たす第1の役割は,**教育**

的役割である。アメリカのような移民の国では，図書館は学齢を超えた人々に対して公用語である英語に関する識字教育だけでなく，公民権取得に向けての支援も行う。

情報提供の役割

'コミュニティ・アンカー'と認識され，教育機関であると同時にコミュニティの拠点施設でもある図書館は，市民に対して衣食住を含む生活に必要な情報提供をするとともに，旅行者や観光客など非日常的な訪問者に対しても，風光明媚な景観スポット，歴史的遺産や無形文化財などの固有のコミュニティ資源についての情報を提供する。イギリスでは，コミュニティライブラリアンという地域情報に精通した専門的職員を置いているところがある。図書館の第2の役割は，インターネットや電話で照会してくる人たち，および図書館を訪れ利用する人たちに対して，各種の情報を提供する機能である。

ひるがえって，利用者の求めに応じて文献情報を提供したり，生活や職業，観光やレクリエーションに関する情報を提供するだけであれば，それらの情報をデータベースに格納した電子図書館でもよさそうなものである。確かに21世紀の図書館は着実にデジタルライブラリーの方向に進んでいる。しかし，インターネット上に各種の有用なデータベース，電子図書館やデジタルライブラリーと称したり，実際そのような役割を担うサイトが少なからず存在しているが，街のシンボル的施設でもある建造物としての図書館は，依然として市民に親しまれている。

場を提供する役割

図書館のなかには市民生活のオアシスでもある都市公園のなかに設置されているものも少なくない。そのような場合には都市公園と一体的空間を構成

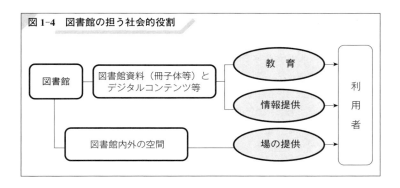

図1-4 図書館の担う社会的役割

する図書館という場所を楽しむ人たちもいるであろうし,図書館の敷地や館内を待ち合わせの場所として利用する人たちもいる。

館内での待ち合わせについては,新聞・雑誌・CD・DVDなどを利用していれば,駅の改札口やシンボル的建物の前,喫茶店で待ち合わせる場合などと比較すれば,待たされるイライラ感は少ないように感じられる。それだけではない。日本の図書館ではこのような利用の仕方を迷惑がる人たちも少なくないが,受験勉強をしたり,週末の仕事場にしたり,ルールを守ってさえいれば,館内の児童室を託児所代わりに利用するのも悪くない。

図書館には,地域の文化的活動に活用してもらうべく,集会室も必ず設置されている。公設無料貸本屋としての図書館(この機能はすぐれて大切なものである)は,子ども連れの買い物帰りに,楽しみにしている小説と子どものための絵本を借りてすぐに出ていくところにとどまらず,近年では,時間をかけて研究調査や学習,調べ物をする滞在型の施設としての性格をよりいっそう濃厚にしつつある。'うさぎ小屋'と揶揄される日本の住宅事情も手伝い,図書館のもつ,家庭,学校・職場に次ぐ「第三の場所」(third place)の提供という役割も看過できないものとなっている。「第三の場所」とは,

Column ① 図書館は民業を圧迫するところか？

いまから25年ほど前，2000年代のはじめのあたりか，筆者は日本図書館協会の著作権委員会のメンバーを務めたことがある。そのときに1つおもしろい経験をしたので，ここに記しておきたい。

議論の端緒は，公共図書館のビデオの貸出サービスと館内でのアニメ等のビデオ鑑賞会だったように記憶している。論争の中身は，図書館のビデオの貸出やビデオ鑑賞会は，映画の著作物であるビデオ作品の権利者側の利益を尊重し，ほどほどにすべきかどうか，またビデオの貸出サービスも，レンタルビデオ店の経営と競合するので，ほどほどにとどめるべきかどうかというものであった。

公共図書館は，繁華街にある映画館やシネマコンプレックスとは異なり，日常生活のなかで情報とメディアに気楽にふれられる場所であり，夏休みの子ども向けのアニメだけでなく，住民を対象に『ローマの休日』のような往年の名作映画などのビデオ鑑賞会が開催される。『ローマの休日』は**著作権**が消滅したことを最高裁判所が確認したが，著作権が存続している場合においても，権利者側の意向にかかわらず，図書館のような公共の場所で公益的目的で，非営利（無償）のビデオ鑑賞会が自由に行えることは著作権法38条1項の認めるところである。限界集落に近いような僻地で高齢者の楽しみのために，図書館が『男はつらいよ』を上映することを，天国にいる「寅さん」こと渥美清が問題とするであろうか。

ビデオだけではない。図書館の主たる任務である図書の貸出までベストセラーを含む小説の売れ行きに差し障るといって大騒ぎする人たちがいる。本文でもふれたように，貧富の格差が，必要な知識や情報へのアクセスの格差につながる現実の社会において，図書館はこの格差を埋めることを任務としている。ビデオ製作会社や出版社などの権利者との競合が発生し，民業を圧迫するような外観を呈したとしても，それは図書館の本来的な役割発揮に必然的に随伴するものなのである。

自宅や職場・学校とは異なる,居心地のよい社会的偏見や差別とは無縁の場所である。

したがって,飲食禁止を絶対としてきた日本の図書館でも,最近では,利用者はジュースの自動販売機では満足せず,コーヒーが飲めたり,軽食をとることができるようになってきた。多数の市民の交流の場として機能する図書館は,入り口に近いところで小規模ながら地域の農家の生産物や地元商工業者の製造した商品を販売するところもある。ちなみに,世界の図書館では,博物館に必ずショップがあるように,図書館にライブラリーショップを設置しているところも少なくない。

ちなみに,現在の図書館はコミュニケーション機能発揮の場でもあり,ニューヨーク公共図書館の館内設置のパソコンは9.11同時多発テロの事件のテロリストたちの相互連絡にも利用された。

4 図書館に育てられた人々

エリック・ホッファー

ここでアメリカの公共図書館利用の歴史から,若干のエピソードを拾うことにしたい。まずは,「沖仲仕(=港湾労働者)の哲学者」と呼ばれたエリック・ホッファー(Eric Hoffer, 1902-83)をとりあげる。ともに独仏国境・アルザス出身の夫婦の間に,家具職人の子としてニューヨークの下町,ブロンクスで生まれた。5歳のとき,彼を抱いた母が階段から転落し,それが原因で2年後に母は死亡,彼は失明した。8年後,奇跡的に光を取り戻し,再度の失明の不安におののきながら,むさぼるように本を読むようになる。彼は,母の死後,縁戚の女性マーサに育てられていたが,18歳のとき父が亡くなり,マーサもドイ

ツに帰国,その後彼はたった一人の人生を余儀なくされた。ロサンゼルスのスラムでのその日暮らし,カリフォルニア州内の農園での季節労働,砂金掘りの仕事,そして沖仲仕と気ままな放浪生活を続け,転々と職業を変えた。

　学校教育とはいっさい無縁だった彼は,労働の合間に図書館に通い,数学,物理学,植物学などさまざまな分野の読書を続けた。深められた思索のなかからは多くの著作が生まれた。1964年には,カリフォルニア大学バークレー校の政治学の教授となり,テレビでの対談出演で広く知られるようになり,ベトナム反戦と学生運動で燃え盛った1970年代の知的カリスマの一人とあがめられた。

チェスター・カールソン

　次に,チェスター・カールソン (Chester F. Carlson, 1906-68) をとりあげる。彼の父は店舗を構えぬ渡りの貧しい理髪師で,妻とともに結核におかされ,シアトルに生まれた彼は家族とカリフォルニアに移り,幼い頃から家計を支えるため働かざるをえなかった。印刷屋でアルバイトをし,高校生のときにアマチュア化学雑誌を刊行した経験がのちの発明につながった。苦学して,居住地近くの専門学校で化学を学び,カリフォルニア工科大学に編入し,物理学を修め卒業した。彼の就職活動は,大恐慌に遭遇し,82の企業に応募したが応じたのはわずか2社だけで,結局,週給35ドルの末端研究員の職をベル研究所で得た。しかし,大恐慌はすさまじく,ベル研究所を解雇され,特許事務所で短期間働いたのち,エレクトロニクス企業のマロリー社(現在は大手電池メーカーのデュラセル社)に職を得,特許部門に配属された。本務のかたわら,夜間にニューヨーク・ロースクールに通い,法学を修めている。

　特許実務にいそしみながら,カールソンは,同じ文書や図面を多

数作成しなければならない特許申請業務に関し，簡単にコピーを作成する方法を思い浮かべていた。仕事を終えた夕刻，そして週末にニューヨーク公共図書館★に通い詰め，関係文献を読破し，広く「ゼロックス」とも呼ばれた，現在の乾式普通紙複写機ゼログラフィを発明した。当初はその発明の素晴らしさを理解してもらえず，IBMも出資を拒否した。バテル記念研究所のJ. S. クロウト（John Shaw Crout, 1899-1987）が彼の発明を認め，ゼログラフィの特許権はハロイド社（現・ゼロックス社）に譲渡された。彼はこの発明で1億5000万ドルを超える資産を手に入れたが，生前1億ドルを財団や慈善事業に投じた。

瀬島龍三

毀誉褒貶(きよほうへん)相半ばする人物であるが，映画化もされた山崎豊子著『不毛地帯』の主人公のモデルとされる瀬島龍三（1911-2007）を，日本人のなかから，図書館を上手に利用した人物の一人としてとりあげておきたい。前半生において彼は旧日本軍の職業軍人で陸軍中佐まで昇っている。敗戦間際に関東軍参謀としてソ連邦と停戦交渉にあたったが，捕虜として，11年間シベリア，ソ連国内の収容所に抑留された。1956年に日本に帰還し，伊藤忠商事に入社した。その後社内で昇進を繰り返し，1978年には同社会長に就任している。政界にも顔が利き，中曽根（康弘）政権の有力なブレーンであったとされる。

この瀬島は（東京裁判には証人として出廷しているが）11年の空白の後，今浦島の状態で帰国したのち，勤務先企業の近くにあった都立日比谷図書館（現・千代田区立日比谷図書文化館）に通い続け，文献を通じて，短期間に大量の国内外の政治経済情勢の情報知識に接し，それを分析し，国際情勢と日本の位置にかかわるイメージを固めていった。やがて，国際ビジネスにおいて，同社で一番の情報通と評

価され,もともと繊維を専門に取り扱っていた商社の業容を総合商社へと拡大する推進力となった。彼は,国内外の支店,営業所に配置された部下からの情報を組織化し企業活動に役立てたわけであるが,だらだらした冗長な報告を嫌い,目的・趣旨・理由を2枚以内のペーパーにまとめさせたと伝えられる(菊池,1985)。

5 図書館と地域経済の振興

　地域経済の振興に図書館が役に立つとの信念は,近年,日本でも広く共有されており,多くの図書館がビジネス支援サービスと呼ばれるサービスが行われるようになっている。先に,ニューヨーク公共図書館にこもり,画期的な乾式普通紙複写機ゼログラフィを発明したカールソンの例を紹介したが,2003年に刊行された『未来をつくる図書館——ニューヨークからの報告』(菅谷明子著,岩波新書)も,その分館の1つ,科学産業ビジネス図書館(SIBL)をとりあげている。しかし,図書館のビジネス支援サービスはニューヨーク公共図書館の専売特許であるかのような誤解をもつ向きがあるようなので,ここで軽信を戒めておきたい。

　アメリカの公共図書館の歴史を紐解くと,十進分類法の創始者でもあるメルヴィル・デューイ★(Melvil Dewey, 1851-1931)に匹敵する人物が何人かいるが,その一人にジョン・コットン・デイナ(John Cotton Dana, 1856-1929)がいる。彼は当時のアメリカ図書館協会(ALA)の主要なメンバーでもあったが,1909年に創設され現在では国際的な図書館組織となっている専門図書館協会の初代会長をも務めている。彼はデンバー,スプリングフィールドの市立図書館長を務めたのち,1902年にニューヨークに接したニュージャージー

州の州都,ニューアーク市立図書館長に就任した。ニューアークは鉱工業やサービス業が多重に集積する先進的産業都市であった。1904年にビジネス街に第1分館をオープンしたところ,地元ビジネスマンたちに親しまれ,大いに利用されることとなり,ビジネスマンの図書館(Businessmen's Library)と呼ばれるようになった。

　この分館長はニューヨーク州立図書館学校(ライブラリースクール)出身のエリート,サラ・B. ボール(Sarah B. Ball)で,彼女はデイナにできるだけ多くのビジネス関連資料の収集を提言し,デイナも積極的にこれに応え,管理機関である図書館委員会もビジネス支援サービスの提供を支援した。このニューアーク市立図書館の取組みは,その成否を周辺の公共図書館が関心をもって眺めていたなかで見事に成功を納め,アメリカでの公共図書館のビジネス支援サービスの先駆けと評価されている。ちなみに,このデイナはニューアーク市立図書館のなかにニューアーク市で生産される物産などを展示する博物館を併設するなどしており,図書館界にとどまらず,博物館の世界でも著名な存在であった。

★ 用語解説

ニューヨーク公共図書館　1895年5月23日,アスター図書館,レノックス図書館とティルデン財団が統合され,発足。現在は,5300万点以上を擁し,アメリカ連邦議会図書館に次ぐ世界第2の所蔵資料の規模を誇る,世界最大の公共図書館である。同一市内のブルックリン公共図書館とクイーンズ公共図書館とは異なり,ニューヨーク公共図書館はニューヨーク市から多大の公的資金を受けながらも市立ではない。

メルヴィル・デューイ　アマースト大学で学び,当初は牧師を目指したが,附属図書館で助手として働いたことが機縁で図書館の世界で大

活躍することになる。アメリカ独立百周年の1876年は、彼にとっても、アメリカ図書館界にとっても画期的な年であった。「デューイ十進分類法」(DDC)の発表、アメリカ図書館協会(ALA)の設立と、以後14年にわたって務めることになる初代事務局長への就任、最初の図書館専門雑誌『ライブラリージャーナル』(*Library Journal*)の創刊と彼の編集長就任など。教育者としても第11章にある通り、コロンビア大学のなかに世界で最初の大学レベルのライブラリースクールを開設した。

 読書案内

二村健監修／著『図書館の基礎と展望 第2版』ベーシック司書講座・図書館の基礎と展望1、学文社、2019。
　大学・短大の司書課程のテキストとして書かれた、図書館と図書館サービスについての初学者向けの書物。

上田修一、倉田敬子編著『図書館情報学 第2版』勁草書房、2017。
　図書館情報学検定試験や公務員試験、および図書館情報学専攻の大学院入試などの受験にも役立つ、図書館情報学を体系的に論じたテキスト。

根本彰編『シリーズ図書館情報学』全3巻、東京大学出版会、2013。
　インターネットが急激に普及した21世紀の初頭という時点において、隣接分野にも目配りしつつ、ある意味で、これまでの日本の関係業績の到達点を描こうとし、学問としての図書館情報学の全体像を示そうとした高度なテキスト。

引用・参考文献

菊池久『瀬島龍三――日本を演出する憂国のフィクサー』山手書房、1985。
全国出版協会・出版科学研究所編『2023年版 出版指標年報』全国出版協会・出版科学研究所、2023。
日本図書館文化史研究会編『図書館人物伝――図書館を育てた20人の功績と生涯』日外アソシエーツ、2007。

第2章 図書館の歴史

中世以来，西洋の学術図書館で見られた鎖付き図書
（イタリア・チェゼーナの図書館）
（出所） Wikimedia Commons.

　図書館はどのような歴史的変遷を経て，今日知られるところの姿をとるに至ったのだろうか。一般の人々に対して無料で利用公開するという公共図書館の理念は，近代の産物である。それまで古代には古代の，中世には中世の図書館の形が存在した。本章では，西洋と日本の図書館の歴史について，図書の歴史もふまえつつ，時代を追って見ていくことにする。歴史を概観することを通じて，その意義を捉え直すことは，図書館の今後を展望するうえでも重要である。

1 西　　洋

> 古　代

人類が言語を習得し，文字を生み出し，書きとどめるようになって以来，文字媒体（文献）の集積が見られるようになった。紀元前3000年頃には古代メソポタミアの地，ニップールに粘土板の文書保存庫が存在し，紀元前7世紀になるとアッシュールバニパル2世が首都ニネヴェに大規模な文書保存庫をつくり，2万枚を超える粘土板を収蔵した。粘土板には楔形文字が刻まれ，焼き固められていた。

　古代世界における文字媒体の双璧は粘土板とパピルスであった。パピルスは，ナイル川沿いの湿地に生える茎の固い多年生植物を引き裂き，薄板状にたたき延ばし，表裏重ね合わせてつくられたもので，軽くて携帯性にすぐれる利点があったが，湿気に弱く，乾燥した気候以外では傷みやすかったため，使用地域がエジプト，さらには地中海世界に限られた。また，折ると壊れやすかったことから，図書の形態は巻子本（巻物）となった。ギリシア人は，パピルス輸出の中心地だったフェニキアの首都ビブルスにちなんで，パピルスを「ビブロス」と呼び，ここから図書を表すギリシア語「ビブリオン」（biblion）が生まれた。

　中東世界を制覇したアレクサンドロス大王の死後，紀元前300年頃，エジプトの新都アレクサンドリアに創設されたのがアレクサンドリア図書館である。ここは学問所ムーゼイオンに併設され，ギリシア文化圏の学問成果が集中的に集められた。伝承によれば，港に停泊する舟にパピルスが載せられていれば没収して書写し保存したと伝えられるほど，積極的に図書の収集が図られた。最盛期には，

パピルスで70万巻もの巻子本が所蔵されたと推定される。

　初代館長ゼノドトスをはじめ著名な学者が蔵書の管理にあたったほか，現存していないが，詩人カリマコスによって解題書誌「ピナケス」（目録）120巻が作成されるなど，図書の分類・目録化も行われた。プトレマイオス2世の治世には70人に及ぶ学者がアレクサンドリアに招かれ，ヘブライ語の「聖書」をギリシア語に翻訳した「70人聖書（旧約）」が作成されている。アレクサンドリア図書館では情報の収集・生産から組織化・利用提供まで行われ，「知的再生産の場」であったと考えられる。古代ローマ時代になると皇帝たちの図書館も30ほど誕生するが，これほど大規模に運営される事例はなかった。

中　世

　小アジア半島のペルガモン図書館は古代第2の図書館として知られ，パーチメント（羊皮紙）が広く用いられていたが，中世に入るとパーチメントはヨーロッパ世界に流入し，その結果，冊子形態の図書が登場することとなった。動物の皮は針を通してもなかなか破れないので，規格に合った大きさに切って縫い合わせると，冊子本（コデックス）をつくることができたのである（折り畳んだ紙を縫い合わせてつくる今日の図書の原型である）。

　この時期，図書の収集・生産・保存・利用提供を担ったのは修道院であった。修道士たちは「祈り，耕し，筆写する」清貧の生活を送り，『新約聖書』などの宗教書をはじめ，ギリシア・ローマ時代の古典も書き写した。修道院運営の基本となった「ベネディクトゥス会則」では日々の労働のなかに読書が規定されたが，古代から中世の時期にかけての読書とは，声に出して朗読するか，誰かが朗読するのを耳で聴く聴覚的読書であり，ページを読むとは「ページの

声」を聴くことと同義であった。聖なる語を繰り返し口の中で咀嚼する習慣が重視され，修道院は音唱による「集団記憶」の場として機能した（マクルーハン，1986）。

つくられた図書は装飾を凝らして世俗領主に献上されたほか，修道院世界の内部で利用された。修道院ではチェスト（保管箱）やアルマリウム（収納用のくぼみ）に図書が収められ，貸出手続きなど利用規則の成文化も見られた。

中世後期には読書方法が音読から黙読に移った。図書のページに，大文字のSの形をした語末の特別な記法を用いた分かち書きがなされ，単語ごとにまとまった感じが強調されるようになったほか，句読法の使用も広まった。読書の構成要素であった聴覚的記憶への依存の度合いは減じ，テクストから視覚的に容易に意味を抽出する工夫が用いられるようになったのである。

学習形態は集団学習から個人学習に移行し，これが11～12世紀以降発足した大学図書館の構造にも影響を及ぼした。13～14世紀のオックスフォードやケンブリッジ，ソルボンヌ，パリの大学学寮では中央ホールに図書館が配置され，机，書見台，長椅子が置かれるようになった。学者が頻繁に引用する長大な著作の数々が「鎖付き図書」として所蔵された（本章扉写真参照）。図書館は学者コミュニティのなかで研究文献を収集・保存し，読書空間を提供する場として位置づけられるようになった。ちなみに，書見台に鎖で図書をつなげる方式は，近代までヨーロッパの学術図書館で一般に見られたものである。

近世

15世紀になると，いわゆる「グーテンベルク革命」が起こる。活版印刷術がヨーロッパ世界に広がり，「42行聖書」をはじめ大量の活字本（刊本）

が流布するようになった。中国発祥の紙（書写材料としての紙は105年に後漢の蔡倫が皇帝に献上している）は，イスラム世界を経由して12世紀からヨーロッパで出回っていたが，ヨハン・グーテンベルクによって，印刷機・活字・インキの実用性が高められ，活版印刷の技術改良がもたらされた結果，それまでの手で書き写された写本は，紙をベースとした活字本へと変化していくことになった。図書の生産量は16世紀だけで15万〜20万点にも上ったと試算されている（フェーヴル，マルタン，1998。ちなみに，写本に似せて15世紀末までに印刷された図書は「インキュナブラ」〔初期揺籃本〕と呼ばれ，とくに史料的価値が高い）。

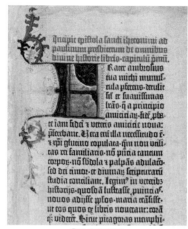

「42行聖書」
(注) 西洋初の活版印刷の聖書。ほとんどのページが42行の行組みだった。

やがて古典の刊行にとどまらず，図書の執筆は同時代の著作家たちに広く開かれるようになり，印刷業者は地理的制約を越えて販売網の開拓に乗り出した。今日では一般的なタイトルや著者といった書誌事項が出版物の奥付に明示されるようになり，これは結果的に図書館で作成される目録の書誌記述要件の整備をもたらした。マルティン・ルターの宗教改革を契機として，1520〜40年頃に活字本は写本というモデルから完全に切り離され，聖書に「民衆の言葉」，すなわち各地方に固有の言語が使用されるようになった。活版印刷術の普及は各国の国語の規範化に貢献し，のちの国民文学の興隆にも寄与した。

刊行される図書の増加に加え，国王や貴族の勢力伸張を背景に，16世紀には各国で大規模図書館の設置が見られるようになる。スペインにバロック建築の華麗な建造物である**大広間図書館**が創設されたほか，フランスではフランソワ1世統治の1537年，国内の刊行書を図書館に納めさせる納本制度（第3章用語解説参照）が始められ，国立図書館における網羅的な収書を支えた。マザラン枢機卿の図書館の管理にあたったガブリエル・ノーデは『図書館設立のための助言』を著し，あらゆる学問領域にわたって古今の主要著者の作品をすべて図書館に備えるべきことを主張した。彼は利用を広く好学の士に公開し，知の共有化を図るなど，開明的な実務家であった。同時代の数学者ゴットフリート・ライプニッツもまた，図書館を「人間精神の宝庫」と見なし，啓蒙思想のもとであらゆる図書の保存を説いたことで知られている。

　ヨーロッパ各地に設立された貴族図書館は，その後18世紀に国家の一元的管理下に置かれるようになった。イギリスでは1759年に**大英博物館**が開館し，ハンス・スローン卿の蔵書をはじめ貴族のコレクションを次々に購入し蔵書を拡張していった。館長アンソニー・パニッツィの時代には，国内出版物に加えて外国資料も網羅的に収集され，新築のドーム式閲覧室に2万冊に及ぶ参考図書コレクションが配置された。

> 近　代

　18世紀になると，産業革命を背景として，学術・工芸の分野が社会生活へと波及し，膨大な知識体系を横断的に展望する新たな枠組みが必要とされるようになった。古代ローマのプリニウス『博物誌』や中世の博物学者コンラート・ゲスナーによる『万有書誌』のように，個人の博学的才能によって知識の全領域を網羅することはもはやできず，ここに

フィラデルフィア図書館会社
(出所)　Wikimedia Commons.

誕生したのが「近代的な編集知」の成果であるフランスの『百科全書』(1751-72)★であった。これは前近代的な旧来の世界観を打破し，合理的思考を招来した文献として高く評価されている。当時，フランス国内で「真理」とは教会とソルボンヌ大学神学部によって独占的に管理される事柄であり，権威に抗う『百科全書』の刊行は教会勢力からの攻勢を受けた。20年の歳月をかけて民間の出版事業を通じて巨大な「知の体系」が世に出されたのは，画期的な事件であったといえる。

　また，18世紀には王侯貴族の図書館や修道院・大学以外の新たな図書館がアメリカに登場した。ソーシャルライブラリーである。その端緒は，若き印刷工だったベンジャミン・フランクリンが討論クラブ（ジャントー）を結成し，1731年にフィラデルフィア図書館会社を設立したことにあった。これは会員が一定の資金を出し合い，ロンドンから図書を共同購入し，皆で利用する仕組みであった。蔵書には神学・宗教書がきわめて少なく，自然科学書や歴史書（世俗

第2章　図書館の歴史　　25

史）が中心を占めた。隣人や社会に役立つ実用的な図書，そして人類の発展に役立つような原理的な研究書が重視されたのである。自主独立の精神のもとで有志の発意による図書館設置が見られるようになった点が，前代までと大きく異なっていた（川崎，1991）。

　当初，ソーシャルライブラリーは利用者を階層や職業で限定せず，かつ蔵書が幅広い全般的な性格の図書館が圧倒的であったが，やがて主題や利用対象に基づく分化が見られるようになった。工場付設の図書館や職工徒弟図書館，商事図書館などが設立されている。蔵書における小説の比率上昇も顕著な特色であった。

　19世紀に入ると，コネティカット州ソールズベリーやニューハンプシャー州ピーターボロのように，地方自治体が図書館設置に財政援助を行う事例が見られるようになった。1848年にはマサチューセッツ州で州都ボストンが図書館を設置・維持することを認める州法が制定され，これを受けて1854年にボストン公共図書館が開館した。ここに，「公開性」「（法的権威のもとでの）公費負担」「無料制」という3つの要件を結合させた，近代的な意味でのパブリックライブラリーが誕生することになった。

　ボストン公共図書館初代理事長エドワード・エヴァレットは，民主政治が正しく機能する前提として最良の教育手段が全住民に平等に用意されることをあげ，そのためには初等教育制度の整備だけでは不十分であり，公共図書館が公教育制度の完成に不可欠であるとの見解を示している。また，ボストン公共図書館の理事の一人であったジョージ・ティクナは住民要求を重視し，公共図書館には道徳的・知的向上に役立つ通俗書を置き，貸出を積極的に推進すべき旨を主張した。

　こうした公共図書館立法化の動きはイギリスでも見られ，1850年に「公共図書館法」が制定された。法制化に際しては，公共図書

Column ② カーネギー図書館

アンドリュー・カーネギー（Andrew Cornegie, 1835-1919）が寄贈した図書館はアメリカ国内だけで1679館に上った。1923年の時点でアメリカの公共図書館数は3873館だったので、この当時、じつに約40％を占めたことになる。その特徴について、**アビゲイル・A. ヴァンスリック**による建築史研究の成果から見ておきたい（ヴァンスリック，2005）。

19世紀後半、慈善家の寄贈による図書館建築の例は少なくない。しかし、その大半は「施し」としての設置だった。建物は中世風ロマネスク様式で、ホール・博物館・絵画ギャラリーまで備えられ、重厚な暖炉をもつ閲覧室には寄贈者の肖像画が掲げられていた。肖像画は利用者に対し、寄贈者を尊敬・服従・愛情に値する人物、家父長として敬意を払わせる効果があった。

当初、カーネギーもこうした家父長制的な寄贈を踏襲したが、「汚れた金」論争を境にして、その方法を改めた。「汚れた金」論争においては、産業資本家による労働者の搾取が批判されたのだが、カーネ

カーネギー図書館（写真はダベンポート公共図書館）
（出所）　Wikimedia Commons.

第2章　図書館の歴史　　27

ギーはその慈善行為を個人の顕彰のためではなく，社会から委託された「富の管理者」として，社会の向上に役立つようなものにすべく転換を図ったのである。この結果，寄贈の手順が明確に定められ，慈善を希望する個々の自治体は，カーネギー個人ではなく財団と公式に契約を結ぶ方式が採用された。受領の際に自治体は図書館の用地を準備するとともに，その後も寄贈額の1割を毎年，税から拠出しなくてはならないことが定められた。

　私的な資金で建てられ維持される場合は手の込んだ建物でもよかったが，公費充当で維持するとなると財政上の資金確保の責任と負担が伴う。そのため図書館の規模は小さく，簡素になっていった。高い丸天井，古典主義のポーチコ（柱列），記念碑的な階段といった贅を尽くした構造は避けられ，実用的な建物が主流となった。カーネギー図書館では開架式の採用割合が高かったが，これもそうした実用性重視の考えと無縁ではない。図書館は信頼できない読者から図書を守るべきという旧来の意識から脱し，図書と利用者を結びつけるという新たなサービス理念が実現されていく過程で，カーネギー図書館の造りは適していたといえよう。

館をパブに代わる労働者の受け皿と捉える考え方が議会で支持され，初期の図書館利用者を特徴づけたのは労働者階級であった。公共図書館は社会統制の一機関と位置づけられたのである。

　近代アメリカの図書館発展を支えた人物として，メルヴィル・デューイ（第1章用語解説，第11章も参照）と「鉄鋼王」アンドリュー・カーネギー（第11章も参照）に言及しておきたい。第1章でも紹介したように，デューイは1876年に図書館員の全国大会を開催し，世界ではじめての図書館員の専門職団体であるアメリカ図書館協会（ALA）の設立に奔走したほか，同じ年に発刊した『ライブラリージャーナル』（*Library Journal*）の編集，分類ツールとしての「デューイ十進分類法」（DDC）の発表・改訂，ライブラリースク

ールの創設(1887年当初はコロンビア大学,のちにニューヨーク州立大学で開校)に尽力した。連邦レベルで図書館員相互のコミュニケーションを成立させるとともに,図書館実務における標準化・規格化の動きを加速させた(相関図書館学方法論研究会編,2023)。

また,カーネギーはアメリカをはじめ各国で2500館以上もの図書館を寄贈し,「図書館の守護神」とも称される。彼は私有財産自体を肯定しながらも,そうした富は「社会からの委託物」であり,慈善を通じて富の管理・運営を行うことこそが富裕者の重大な責務であると主張した。カーネギーの慈善では「援助に値する」貧者への助力の提供が重視され,その筆頭の地位にあったのが公共図書館の寄贈であった。彼は財団を設立し,寄贈を希望する自治体に対しても用地と維持費の拠出を条件として,その自助努力を求めた。

2 日　本

古　代　古来,日本は中国大陸との間に頻繁な往来があった。6世紀には朝鮮半島の百済から五経・医・暦の博士が来朝し,その頃仏教とともに経典も請来され,朝廷の周辺にはしだいに図書や記録類が集積されるようになった。法隆寺釈迦三尊像の台座内墨書によれば,621年頃に「書屋」などを修繕した旨が書かれているが,これは文書や図書の類を保存した施設と考えられる。

奈良時代になると,朝廷の律令制組織のなかで仏教・儒教など国家的な蔵書管理や,朝廷で使用される紙・墨・筆の製作・分配などを職務とする図書寮が置かれた。また,「鎮護国家」の思想のもとに天皇の手厚い保護下で仏教が盛んとなり,東大寺などに写経所が

置かれ大量の経典が書写された。経典は，学習や儀式のために，宮中，公卿，他の寺院に貸し出された。仏典の書写は，僧侶による仏教研究のため寺社に納められる目的（蔵経）で行われる場合と，仏典書写の功徳を祈願する信仰的行為（祈願経）として行われる場合とがあった（岩猿，2023）。

石上宅嗣
（出所）Wikimedia Commons.

　大陸から遣唐使を通じて多くの典籍（書物）が請来され，学問を好む貴族はそれらを借りて筆写し蔵書を増やしたが，なかでも大納言の地位まで上った石上宅嗣は私邸の阿閦寺の一隅に芸亭を建て，仏教信仰の志をもつ人々に公開した。これは個人蔵書を広く公開した最古の例として知られ，仏典だけでなく儒教などの他分野の図書（外典）も併せ置かれた。

　また，恵美押勝の乱を平定し重祚した称徳天皇は天下平定の弘願を発し，770（神護景雲4）年，陀羅尼百万巻を完成させた。この「百万塔陀羅尼」は印刷年代が明確な世界最古の印刷物といわれ，百万巻を木製の三重の塔心に納めて，十万基ずつ大安寺，元興寺，法隆寺など10カ所の宮寺に奉納された。

　日本では文章を書く際に中国伝来の漢字・漢文が用いられていたが，平安時代になると漢字を簡略化したひらがなやカタカナが成立し，漢文によらずに日本語をそのまま表記することが可能になった。当初，かな文字は女文字とか女手と呼ばれ私用の文字と見られており，公用文字にはもっぱら漢字が用いられたが，10世紀に勅撰和

歌集としてはじめてかな文字による『古今和歌集』が編まれると，それ以後かな文字を主体とする国文学の世界が成立し，『源氏物語』を筆頭に国文学上重要な著作が世に出されることとなった。

　また，奈良時代に請来された図書は仏書も漢籍（中国の書物）も巻子本であったが，平安時代に入ると冊子本が現れた。巻子本から冊子本への過渡的形態として，まず巻子本の4〜5行ごとに畳折りした「折本」が現れ，やがて，綴糸を用いずに折り目のところで糊を貼り合わせていく「粘葉装（でっちょうそう）」が登場した。さらに和歌・物語その他の国文学の著作において，2つ折りにした料紙（折丁）の折り目に小さな穴を開け，その穴に糸を通して折丁を糸綴じする「綴葉装（てっちょうそう）」が生まれた。

中世

　平安末期からの度重なる戦乱のなかで多くの図書，文書記録が失われる一方，源平の合戦と世の無常を琵琶法師たちが語り伝えた『平家物語』や，南北朝の戦乱を描いた『太平記』などの軍記物語が新たに登場した。貴族階級が政治権力の座を追われ，政治的・経済的な力をもった武士階級が支配階級に台頭したが，印刷文化を支えたのは前代同様に僧侶階級であった。

　平安末期から鎌倉初期にかけて，仏教界全体の革新が始まるとともに研究対象としての仏典に対する需要が高まり，仏典の開板活動（木版で出版すること）が活発化した。平安時代の開板が京都・奈良の地に限られていたのに対し，鎌倉時代には地方への普及が見られた。興福寺（春日版），高野山（高野版）で仏典の刊行活動が活発であったほか，京都や鎌倉の五山では禅籍（禅についての書物）以外にも，中国宋版の影響を受けて漢詩文集や韻書（いんしょ）の類が刊行された（五山版）。南北朝時代から室町時代にかけては漢詩文を中心とする五

第2章　図書館の歴史　31

山文学が栄えたが，禅僧たちによる日中間の交流は単なる禅門間の交流にとどまらず，日本に中国の新しい学問，芸術をもたらすこととなった。それは学術面では朱子学の隆盛であり，絵画の面では水墨画の発展であった。

武士階級の文庫として有名なものに金沢文庫がある。これは，鎌倉幕府の実力者であった北条実時が病没直前の1275（建治元）年頃，居館内に設けた文庫が起源とされる。文庫には実時が収集した典籍や記録文書が収められ，その後北条貞顕の代に蔵書の拡充や建物の再建がなされた。金沢氏が幕府執権職の一門としての権力と富を背景に，伝存する和漢の貴重な古典籍を収集したものであり，今日なお幾多の貴重な古典籍，古記録を伝存している。

このほかに，足利学校も著名である。その創建年代については明らかでなく，15世紀に関東管領の上杉憲実が再建したといわれるが，儒学や易学などの実践的学問を講義することで知られ，来学の学生は原則として僧籍（僧としての身分）であった。イエズス会の宣教師として来日したフランシスコ・ザビエルは「日本国中最大にして最も著名な坂東の大学」と伝えている。金沢文庫では支配者にふさわしい文化・教養が求められ，漢籍だけでなく国書や仏典まで幅広く収集されたが，足利学校では乱世にあって武門の要求に応じる人材の養成が目的であり，そのために直接必要な漢籍が収書の中心であったと考えられる。

近世

戦国時代には，ポルトガル船が種子島に漂着したことを皮切りに，鉄砲をはじめとする西洋の文物が伝来するようになった。カトリック教会は九州を中心にキリスト教の布教活動を進め，1582（天正10）年にはキリシタン大名の名代として天正遣欧少年使節が海を渡り，ローマ法王や

スペイン国王に謁見した。彼らは活版印刷機械を持ち帰り，これをもとにキリシタン版の図書が刊行された。

また，ほぼ同じ時期，朝鮮半島へ侵攻した**豊臣秀吉**は，当時先進的であった朝鮮の活字印刷術を持ち帰り，その技術に基づいて印刷を行った（古活字版と呼ばれる）。とくに古活字版のなかでも光悦本と嵯峨本では，これまで能書家の記してきた写本の美しさの追求に重きが置かれ，ひらがなの2〜3字を連続活字として使用する技法などが用いられた。以後，出版は世俗化し，京，大坂，さらには江戸（'三都'と総称）の大都市部において出版業の隆盛を招いた。

江戸時代には，徳川家康が始めた富士見亭文庫がのちに移設され，幕府は紅葉山文庫を設置運営した。中世以前にも個人文庫はあったが，その人の死亡や家の廃絶とともに散逸せざるをえなかったのに対して，紅葉山文庫は幕府が直接これを維持・経営したもので，政治的変動のない鎖国下において安定性を保った。同文庫の蔵書管理には**書物奉行**が任じられ，甘藷（薩摩芋）の栽培で知られる青木昆陽や北方探検で有名な近藤重蔵ら約90人がその職に就いている。

図書の収集方法は献上，購入，謄写に大別された。このうち，献上本は主として諸大名・公卿らから進呈されたが，とくに著名なのは8代将軍・徳川吉宗が諸国に命令を下して古逸書を採訪させたことである。また，購入本の主流は長崎経由で輸入される漢籍であったが，これは将軍の学ぶべき学問が漢学とされ，漢学研究のために大陸からの図書が尊重されたためであった。吉宗は漢籍輸入にも熱心であり，法律書や地方志（府県志）など実用書を購入した。つまり紅葉山文庫は，将軍の利用を第一義とする秘閣（貴重なものを所蔵する書庫）だったのである。

このほか，文治政治を旨とした江戸幕府には，官学（幕府が正統と認めた朱子学）を講ずる場として**昌平坂学問所**（昌平校）が置かれ

行商の貸本屋
（原画はリッカー美術館所蔵）

たが，1842（天保13）年に書物出版取締令が出されると，昌平校で検閲された出版物の一部が昌平校文庫に納本された。これは日本における納本制度の早い例である。

17世紀前半になると，三都を中心に営業的出版活動が盛んとなるが，今日のように出版・小売の別はなく，書肆（書物を出版したり，売ったりする店）において新刊本も古本も同時に取り扱われていた。当時，市井で図書と読者を結びつけるのに重要な役割を果たしたのが貸本屋であった。18世紀以降，寺子屋の広まりを背景に，日本の一般民衆の識字率は30〜40％に達していたと考えられるが，こうした識字率の向上に支えられ，貸本屋が発展した。草双紙や洒落本などが行商の貸本屋を通じて安価に貸し出され，天保年間に江戸だけでその数800軒以上あったといわれる。

また，各藩に藩校が置かれ文庫も整備されたほか，蔵書家を中心に図書の貸し借りも見られた。19世紀に国学者・竹川竹斎が伊勢国に開いた射和文庫では毎月，定例会や古典の学習会が開かれ，青柳文蔵が仙台に開いた青柳館文庫は個人による公開文庫の早い例として知られている。

近代

幕末開国期には，西洋知識の吸収を図る各藩から公式，非公式に留学生が渡航し，ジョン万次郎のように漂流民として渡米する者もいた。同じ頃，徳

川幕府から6度の外交使節派遣が行われ，各使節一行にはその外交上の目的達成のほかに，西洋の各種制度や文物を見聞することも公的な使命として課されていた。文久遣欧使節に雇通詞として随行した福澤諭吉は後年，『西洋事情』初編を著し，西洋の文物を広く紹介した。彼はロシア帝室図書館やパリ国立図書館を訪れた経験をふまえ，西洋諸国では「ビブリオテーキ」（文庫）が一般公開される点にも言及している。

1872（明治5）年，湯島の旧大学講堂を仮館として文部省書籍館（しょじゃくかん）が設立された。これは日本で最初の官立公開図書館であり，博覧会御用掛の町田久成によって推進された。町田は大英博物館に倣って一大博物館を構想するなかで，その一部局として書籍館を重視していた。これに対し，文部大輔・田中不二麿はアメリカの教育制度に学び，学校教育を補完する教育機関として図書館に着目した。文部省書籍館はいったん内務省に移管されたのち，田中の意向を受けて1875年，東京書籍館（しょせきかん）として再開館した。同館は一般人への無料公開を規定しており，当時，文部省学監として来日していたデヴィッド・モルレーは，1876年に合衆国教育局が出した『特別報告』のなかで，この東京書籍館を「フリーパブリックライブラリー」として紹介している。東京書籍館は明治政府の財政事情から，わずか2年にして閉館となったが，後年，文部省に復帰し東京図書館（としょかん）として再開され，幸田露伴や樋口一葉らも利用した（長尾，2023。同館の蔵書は1897年に新設の帝国図書館へと継承された）。

地方における公立書籍館設立の動きは遅々として進まず，明治時代前期に新聞や雑誌を提供する場として機能したのは，むしろ公私立の新聞雑誌・書籍縦覧所やさまざまな結社の読書施設であった。

1882年，文部卿代理の九鬼隆一は「示諭事項」（教育に関する告諭）のなかで書籍館を3つに類型化し，①諸科の図書を収集し研究に資

するもの，②庶民に対して「通俗近易ノ図書ヲ備存」するもの，③学校で有用な図書を教員・生徒に供するものとした。とりわけ重視されたのは②であり（明治末期から「通俗図書館」と呼ばれる），「庶民」「下流ノ人民」に対し「通俗図書」を通して読書修養の機会提供が図られた。全国的な教員団体である大日本教育会をはじめ各地の教育会が図書館を設置し，戦前の道府県立図書館の3分の2はこうした教育会の図書館運動の賜物であった。

1899年には日本初の図書館単独法規である**図書館令**が公布された。図書館は「図書ヲ蒐集シ公衆ノ閲覧ニ供」する施設と定義され，教育制度上に明確に位置づけられた。この時期，先進的なサービスを行う図書館も見られるようになった。なかでも山口県立山口図書館初代館長・**佐野友三郎**はアメリカの図書館思想に学び，巡回文庫の設置，貸出の実施，書架の公開，児童閲覧室の設置など，近代的な図書館サービスを先駆的に導入したことで知られる。

1910年には文部大臣・小松原英太郎によって「図書館設立ニ関スル注意事項」（いわゆる「小松原訓令」）が示された。これは国民教化機関としての通俗図書館設置を奨励・推進するとともに，通俗図書館や小学校付設図書館における**良書提供を重視**し，国家主義的な教育観に基づく図書館思想の浸透を目指す内容であった。1920年代になると関東大震災や世界恐慌による世情の悪化を受けて，治安維持法・新聞紙法・出版法が制定されて思想・言論の統制が進められ，図書館も思想統制の対象となった。各地の図書館には特高警察や憲兵が来館し，発禁図書の調査が行われた。取り締まりはしだいに合法的な出版物にも及び，閲覧者の思想調査も実施されるようになった。

1933（昭和8）年には図書館令が改正され，①**中央図書館制度**の導入，②私立図書館の認可制と監督強化，③図書館の目的の明示と附

帯事業の実施が明記された。文部大臣の認可を受けて各道府県の設置する中央図書館が市町村図書館を監督指導する体制が整えられるとともに、青年団のように地方で自主的な活動を繰り広げていた私立図書館も統制対象となった（小川ほか、2006）。また、③の附帯事業をめぐっては文部省と図書館界の間で「附帯施設論争」が巻き起こり、図書館は必要に応じて社会教育のために民衆娯楽や体育指導のようなものまで行うべきとする文部省の考えと、石川県立図書館長であった中田邦造に代表されるような、図書館では図書記録に基づくサービスの展開を図るべきとする図書館界の間で見解の相違が見られた。

政府による思想善導の強調は昭和戦前・戦中期を通じて一貫しており、日本で公共図書館が民主主義思想を普及する機関として位置づけ直されるのは、戦後1950年にアメリカを中心とする連合国軍の影響下に図書館法が制定されるまで待たれることになる。

★ 用 語 解 説

音読から黙読へ　13世紀にシトー派の修道院長リヒャルムは、悪魔たちが彼の黙読を妨害して音読するように仕向け、それが内的理解を損なうとしている（シャルティエ、カヴァッロ編、2000）。修道院内に、閉ざされた小さな勉強空間（キャレル）も登場する。集団的読書は、瞑想と結びついた個人的読書へと転換されていった。

紙 の 生 産　ヨーロッパに伝来した当初、紙はパーチメントの代用品という位置づけであり、公文書の起草などは禁じられた。やがて、カムを水車に取り付けるという動力技術の開発が進み、また、麻や亜麻の栽培の普及によって、紙の原料のぼろが安価に出回ったことを背景に、都市近郊の河川の上流域に製紙工房が展開していった。

『百科全書』　フランスの啓蒙思想家ディドロとダランベールが中心となって編集・刊行された百科事典。本文17巻および図版11巻の全

28巻からなり，総項目数は7万以上に及ぶ。執筆協力者は約200名にのぼり，ヴォルテールら当代屈指の思想家も含まれた。1980年代以降，米仏のARTFLプロジェクトにより電子化も進められた。

貸本屋　当初，貸本屋は行商であり，運ぶことのできる書物は限られたが，やがて店を構えて多くの書物を揃え，客を待つところも出てきた。貸本営業を1767（明和4）年に始めた尾張大野屋惣八（大惣）はその代表であり，いったん買い入れた書物類は売却しない方針をとった。「十日限」を期限とし，主に学者や文人に利用された。

『西洋事情』初編　西洋諸国の都府に設けられた「文庫」には「万国の書」が備わり，「衆人来りて随意に之を読むべし」と，一般に公開される点が明記された。西洋の公開図書館については，蕃所調所の箕作阮甫が翻訳した『玉石志林』などでも紹介されていたが，世間への流布の点でそうした唐本地理書よりも大きな影響力をもった。

　読書案内

奥泉和久『図書館史の書き方・学び方――図書館の現在と明日を考えるために』日本図書館協会，2014。
　現場の図書館員が図書館やサービスの歴史をまとめる場合に，どのような見方や調査研究手法があるかを知ることができる。

ウィーガンド，W.（川崎良孝訳）『生活の中の図書館――民衆のアメリカ公立図書館史』京都図書館情報学研究会，2017。
　図書館のなかに利用者を位置づけるのではなく，「利用者の生活のなかの図書館」という視座から，アメリカの図書館史を記述する。

新藤透『図書館の日本史』勉誠出版，2019。
　日本史の文脈に図書館を位置づけることを意識しつつ，一般読者に向けて，古代から近現代まで図書館の通史を描いている。

相関図書館学方法論研究会編『図書館研究の回顧と展望』松籟社，2020。
　日本やアメリカにおける図書館史研究の現在について，テーマごとに

論述している。松籟社のシリーズ「図書館・文化・社会」の1冊。

根本彰『アーカイブの思想——言葉を知に変える仕組み』みすず書房，2021。

図書館をはじめとする「知のアーカイブ装置」をめぐって，西洋の思想史・文化史の文脈をふまえつつ，日本的な展開を見通す一書。

引用・参考文献

岩猿敏生『日本図書館史概説 新版』日外アソシエーツ，2023。

ヴァンスリック，A.（川崎良孝，吉田右子，佐橋恭子訳）『すべての人に無料の図書館——カーネギー図書館とアメリカ文化1890-1920年』京都大学図書館情報学研究会，2005。

小川徹，奥泉和久，小黒浩司『公共図書館サービス・運動の歴史』〈1〉〈2〉，日本図書館協会，2006。

川崎良孝『アメリカ公立図書館成立思想史』日本図書館協会，1991。

相関図書館学方法論研究会編『テーマで読むアメリカ公立図書館事典——図書館思想の展開と実践の歴史』松籟社，2023。

長尾宗典『帝国図書館——近代日本の「知」の物語』中公新書，中央公論新社，2023。

シャルティエ，R.，カヴァッロ，C.編（田村毅，片山英男，大野英二郎，月村辰雄，浦一章，平野隆文，横山安由美訳）『読むことの歴史——ヨーロッパ読書史』大修館書店，2000。

フェーヴル，L.，マルタン，H.-J.（関根素子，長谷川輝夫，宮下志朗，月村辰雄訳）『書物の出現』上・下巻，ちくま学芸文庫，1998。

マクルーハン，M.（森常治訳）『グーテンベルクの銀河系——活字人間の形成』みすず書房，1986。

第3章 図書館の機能と種類

ストックホルム市立図書館

　多種多様な資料を収集,組織化(整理),保存・管理し,それを利用者に提供するサービスを行うことが図書館の基本機能である。この章では,まず収集,組織化(整理),保存・管理,提供についてふれる。

　図書館を設立母体の特性別に分類すると,国立図書館のほか,公共図書館,大学図書館,学校図書館,専門図書館が代表的なもので,いわゆる「4大館種」としてあげられる。それぞれの類型の図書館の特徴についてふれる。

1 図書館の機能

> **図書館の諸機能**

図書館という一定の社会的役割を担う施設の業務展開の流れを概観するとすれば，まず情報資料を選択・収集することから始まる。収集した情報資料については，来館者や図書館ポータルサイト（第8章用語解説参照）にアクセスした人たちが利用しやすいように著作者やタイトル，主題等で分類し，必要な情報資料を迅速に検索できるように目録（データベース）を作成する（組織化）。図書館は整理を施した状態で資料を保存・管理しておき，何らかの情報資料を求める利用者にその情報資料にアクセスしてもらったり，閲覧してもらったり，あるいは貸し出したり，複製を提供したりするなど，主として図書館の管理下にある情報資料を利用に供する（保存・提供）。さらには，利用者が資料情報を探し出す際にそのサポートをするのも図書館員の任務である。

> **収　　集**

情報を記録する媒体というと，一般的には紙を思い浮かべることが多いだろう。第2章で見た通り，歴史をさかのぼると，石，粘土，パピルス，羊皮紙，木片など多様なものが用いられてきた。2世紀に入り中国で書写材としての紙が生産されるようになり，さらに15世紀に発明された活版印刷技術とあいまって，やがて図書，雑誌，新聞などが大量に生産されることとなった。このような経緯を経て，紙は記録媒体として最も一般的で重要な存在となっていった。印刷物が大量生産される現代において，1年間に図書や雑誌などの出版物がどの程度刊

行されているか,考えたことがあるだろうか。2023年版の『出版指標年報』によると2022年の書籍の新刊発行点数は6万6885点,同年に発行された雑誌は2482種となっている。このように膨大な量の新刊出版物に加え,いままでに刊行された出版物のなかから,図書館は自館に必要と思われる図書や雑誌などを予算を考慮しながら資料選択基準にしたがって選択し,それらを収集(購入や**寄贈依頼**など)する。

デジタルネットワークの時代である21世紀においては,伝統的な紙媒体資料だけではなく,各種データベース,電子書籍,電子ジャーナルもまた図書館が一定の方針にしたがい,予算の範囲内で利用者に対してその便宜を提供しなければならない。

組織化

収集した物理的資料を単に書架上に並べれば即利用できる状態になった,とはいえない。資料を良好な状態で保存し続けるためにも,また利用者が必要とする資料に効率よくたどり着けるようにするためにも,**目録作業や分類作業**など(併せて「整理業務」という)が必要である。目録作業や分類作業の全体を指して「(資料)組織化」という。組織化は資料を管理することであるとともに,必要な資料へのアクセスを保障するための仕組みでもある。

多くの図書館は,図書を書架に並べる際,テーマ(主題)別に並べている(並べることを「**配架(排架)**」という)。これにより同様のテーマを扱った図書が同じ箇所に集まり,利用者はあちこち動かずに同じテーマの図書をそこに見つけることができる。実際にはテーマは分類記号に置き換えられて整理されており,**分類記号順**(より詳細には請求記号順)に図書は書架に並べられている(日本の多くの図書館は「日本十進分類法」〔NDC〕を用いている)。一つひとつの資料に

分類記号を適切に付与する作業のことを「分類作業」という。

しかし，分類記号順に図書が書架上に並んでいればそれで十分だとはいえない。1冊の図書のなかで自動車と飛行機についてとりあげるというように複数のテーマを扱っていることも考えられる（複数主題）。だが，その図書を1冊しか所蔵していなければ自動車の分類の書架か飛行機の分類の書架に並べるしかない。もし自動車の分類の書架に配架されている場合，飛行機の分類の書架へ探しに来た利用者はその図書を見つけることはできない。そこで，図書館は資料を分類して書架へ配架するだけでなく，テーマからも資料を探せる仕組みをもった目録を作成するのである。さらに利用者のアプローチはテーマだけとは限らない。○○○という作者の作品を読みたいとか，新聞の書評で見た『△△△△』というタイトルの図書を読みたいというように，著者名やタイトルなどを手がかりに探そうとすることも多い。そこで各種の手がかりから資料を探し出すために，資料のタイトルや著者名，出版社，発行年などの情報を記録した目録を作成する。この作業のことを「目録作業」という。作成した目録は，図書館員が利用するだけではなく，OPAC[★]として利用者へも提供する（最近の図書館ではオリジナルの分類目録作業はほとんど行われず，'コピーカタロギング'がふつうとなっている）。

このように分類作業と目録作業によって，収集した資料を適切に管理・保存し，必要な資料を利用したいときに素早く探し出すことが可能となるのである（目録作業と分類作業の詳細は第4, 6章参照）。

また，図書館で利用可能なデジタルコンテンツについても，図書館ポータルサイトにリンク集を掲載しているので活用するとよい。それぞれのデジタルコンテンツには検索機能が備わっている。

保存・管理　収集した資料は書架，書庫に収めるなどして保管する。図書が貴重なものであって限られた人物しか利用できなかった時代には，図書館は利用より保存重視の運営を行っていた。第2章扉写真で見たように，中世には書見台に図書を鎖で繋いで利用に供することもなされていた。利用促進を意図しながらも，紛失を防ぐことが大切だったのである。その後，図書が安価で大量に出版されるようになり，図書館が一般に広く利用されるようになって，現在は「利用のための保存」という考え方が主流になっている。資料を収集し続ければそれらを保管するスペースが拡大していく。限りあるスペースにどう資料を保管するかは大きな問題である。可動式の書架を設置したり自動書庫を導入したりして書架スペースの集密化を図ったりしている。

　一方，場所をとらないデジタルコンテンツについては，図書館が業者との間で利用契約を結び，図書館利用者に提供している。デジタルコンテンツは業者の管理運営するサーバに蓄積されており，図書館ポータルサイトは単なる情報アクセスへのゲートにすぎず，契約打ち切りとともにそれらのすべてが利用できなくなるという問題もある（一部にデジタルコンテンツの買切り制が行われている）。

提　供　情報資料を収集・保存し，利用しやすい環境をつくるために組織化したのち，ようやく図書館は利用者に資料を提供する。利用者が図書館サービスを具体的に利用する形態としては，①来館した利用者が館内で資料を読んだり視聴したりする（閲覧），②自宅等に資料を持ち帰って読んだり視聴する（貸出），③自分ではうまく探せない情報や資料について図書館員の援助を受けながら情報収集する（レファレンスサービス），④特定の資料の必要な一部分をコピーする（複写），⑤読み

聞かせ会や文献探索セミナーなど図書館が催すイベントに参加する，といったものなど，さまざまなものがある。

最近では，日本でも遅ればせながら，図書などの冊子体そのものを貸し出すのではなく，電子書籍★を貸し出す図書館も現れている。利用者は，図書館に直接来館せず，たとえば図書館ポータルサイトから電子書籍をダウンロードし，一定期間利用することができる。電子書籍はデジタル著作権管理（digital rights management：DRM）が施されており，貸出期間が過ぎると自動的に閲覧できなくなるものが多い。日本でも，図書や雑誌などを物理的に提供する従来型のサービスに加え，電子情報資源をインターネット経由で提供するハイブリッド型の図書館（ハイブリッドライブラリー）が今後増えていくだろう。先進国の図書館では，日本とは異なり，すでに電子書籍の貸出が広く行われている。

2 図書館の種類（館種）

利用者に開かれた図書館は，設置母体の使命や特質によって，区分される。公立，私立というだけでなく，図書館には種類があり，それを「館種」と呼んでいる。館種としては，一般に，国立図書館のほか，公共図書館，大学図書館，学校図書館，専門図書館の4大館種があげられる。

| 国立図書館 | 国立図書館とは国家が設置し経営を行う図書館のことで，たとえていうなら図書館の総本山ともいうべき「国全体の中央図書館」という位置づけで一般に認識されている。国立図書館が担う役割には次のようなものが

ある。

　まず第1の役割は，国内で出版された情報資料を網羅的に収集することである。これを実現するための仕組みとして法律で定められた納本制度★があり，国内発行の出版物はすべて国立図書館に納入することが義務づけられている。

　第2の役割は，網羅的に収集した資料を永久的に保存することで，これによりいままでに世に出た「知の財産」を後世に引き継ぐことが可能となる。近年ではデジタル化保存も広く行われている。

　第3の役割は，網羅的に収集した資料の書誌情報，つまり「全国書誌」を作成することである。全国書誌を利用してもらうことは，情報資料への有効なアクセス手段の1つとなる。他の図書館が全国書誌を参照しながら自館の目録を作成することで効率化を図ることも行われている。

　このほかにも国内最大級の資料を所蔵する図書館として，他の図書館に対し資料や情報の提供を行うバックアップサービスも担っている。さらには，民間の商業出版物だけでなく，行政省庁が発行する白書など，一定数量の政府刊行物（政府情報）も国立図書館への納入が義務づけられており，それらの政府刊行物は外国との相互理解促進のために外国の国立図書館と相互に国際交換される。国立図書館には，国際交流の窓口機能も期待されている。

　日本の国立図書館は，国立国会図書館である。国立国会図書館は国立国会図書館法によって設立された図書館である（図3-1）。国立国会図書館のサービス対象は，国会議員，政府機関，そして国民全体である。

　2024（令和6）年現在，国立国会図書館は，東京本館（1948〔昭和23〕年開館），関西館（2002年開館），国際子ども図書館（2000年開館）の3施設（第Ⅲ部扉裏の写真参照）を拠点としてサービスを展開して

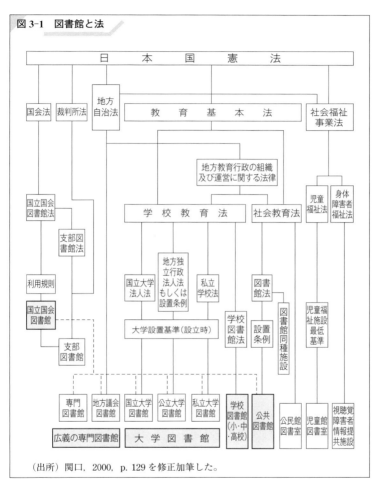

図3-1 図書館と法

(出所) 関口, 2000, p.129 を修正加筆した。

いる。所蔵する資料は3館に分散配置されている。東京本館は，分野を限定せず，主に和洋の図書や和雑誌，和洋の新聞などを所蔵している。関西館は，科学技術関係資料やアジア関係資料，および国立国会図書館が収集する洋雑誌などを所蔵している。そして，国際

子ども図書館は，児童書や児童雑誌，学習参考書や児童向けのDVD，CD-ROMなどを中心に所蔵している。国際子ども図書館は国立としてははじめての児童書専門図書館であり，子どもも利用できるが，東京本館と関西館には年齢による利用制限が設けられており，満18歳以上であれば利用できる。

また，国立国会図書館は，日本の電子図書館化の動きの中心に存在し，図書館に来館しなくても利用できるサービスをも提供している。たとえば，インターネット経由で国立国会図書館のサイトにアクセスし，所蔵資料や国会のさまざまな活動で発生した資料類の検索をしたり，資料の複写申込みをしたりすることができる。そのほかにも所蔵資料の一部はデジタル化されており，インターネット経由で閲覧することができる（例：国立国会図書館デジタルコレクション）。あるいは，絶版等の理由で入手が困難で国立国会図書館がデジタル化している資料については，図書館向けデジタル化資料送信サービスが実施されている。

公共図書館

○○県立図書館や△△市立図書館といった自治体名などを冠した図書館を利用したことがある人は多いだろう。このような市民すべての利用に開かれた，地方公共団体などが設置する図書館を公共図書館という。

公共図書館には財団法人や社団法人などが設置する私立の公共図書館と地方公共団体が設置する公立の公共図書館があるが，機能的に市民全体に開かれた公共図書館は営利的な運営は望みがたく，そのほとんどはなかば必然的に公立とならざるをえない。一般的には公共図書館は公立図書館と同義と解釈して差し支えない。

今日の公共図書館が私たちにとって身近な図書館であるのには「近くにあるから」ということ以外にも法的な根拠がある。公共図

書館は図書館法で規定されている。図書館法2条に「図書，記録その他必要な資料を収集し，整理し，保存して，一般公衆の利用に供し，その教養，調査研究，レクリエーション等に資することを目的とする」とあり，さらに社会教育法において公共図書館は青少年および成人に対しての教育活動を行う社会教育施設であると定められている。つまり，公共図書館は年齢に関係なく住民の「知りたい」「学びたい」という要求を支える役割をもつ重要な施設として位置づけられているのである。

公共図書館は役割の違いから都道府県立図書館と市町村立図書館の2種類に分けることができる。市町村立図書館は利用者に対し最も直接的にサービスを提供する図書館であるのに対し，都道府県立図書館は市町村立図書館をバックアップすることが第一義的な役割である。たとえば，市町村立図書館には利用者が求めている資料が所蔵されていないが都道府県立図書館ではその資料を所蔵している場合，市町村立図書館の求めに応じてその資料を貸し出す。また，市町村立図書館の所蔵資料等では回答できない質問が寄せられた場合，都道府県立図書館が調査して回答するといったことも行う。

じつは図書館法では，各地方公共団体に対して公共図書館の設置を義務づけていない。設置に関しては，その図書館を設置しようとする地方公共団体が任意に条例で定めることとなっている。そのため公共図書館を設置していない自治体も存在する。都道府県レベルでの図書館設置率は100％，市レベルでは99.1％であるのに対し，町レベルでは64.9％，村レベルでは29.0％でしかない（「令和3年度 社会教育調査」）。これは社会教育法や図書館法の精神を具現化できていない地域格差の現状を表している。一定の人口や面積ごとに公共図書館が必ず設置される状況を目指すことが，大きな課題となっている。

住民の生涯学習を支える施設として機能する公共図書館は，図書館法にある「無料の原則」に沿った運営を行う。これは利用者が図書館資料を利用するにあたり図書館は対価を徴収してはならないということである。市民は図書館資料を閲覧したり，貸出サービスを受けても費用を請求されることはない。図書館資料の購入や各種のサービスの提供にはコストが発生するが，図書館の運営は地域住民の税金によってまかなう形をとり，そこには「公費負担の原則」が存在する。また，図書館の所蔵資料は一般に利用者の自由な利用に供されるものだとの「公開の原則」が大前提である。図書館資料の内容が特定の人物の基本的人権を侵害するなどの特別な場合を除き，利用者はすべての資料を利用することができる。

大学図書館

　「大学図書館」と聞くと，学校図書館に含まれる図書館の1種類と捉える人がいるかもしれないが，制度的な理解としては間違っている（学校図書館の範囲は次項参照）。大学図書館は一般的に，4年制大学，短期大学，高等専門学校，および大学院大学に設置される図書館を指す。狭義には，4年制大学の図書館を指すこともある。

　大学図書館には学校図書館における学校図書館法のような法律はなく，文部科学省の省令である「大学設置基準」に図書館設置が規定されている（図3-1）。大学図書館は，主にその大学に所属する学生や教職員に対して図書館サービスを提供する。大学は教育研究機関であることから，大学図書館は学生の学習活動や大学が行う教育活動そして研究活動を支える重要な学術情報基盤としての役割を担っている。その意味で大学図書館は大学に必要不可欠な施設であり，大学の中心機関であるともいえる。

　具体的な役割としては，学生の学習活動や教職員の教育研究活動

に役立つ情報資料を収集・蓄積し,提供することである。そのため,所蔵している資料は必然的に学術分野のものが中心となる。公共図書館でよく見かけるような小説や実用書などは収集対象外となることも多い。さらには,学術研究は各国で行われているため,洋書の所蔵比率が高くなることが大学図書館の特徴としてあげられる。加えて,学術雑誌の購読割合が高いことも特徴的である。研究の成果は学術雑誌への論文投稿という形をとることが一般的なため,学術雑誌は,研究情報の収集源としても,研究情報の発信先としても重要な位置づけとなるからである。

その学術雑誌は1990年代になると購読価格が高騰し,大学図書館の予算を圧迫するようになった。さらにインターネットの普及に伴い,電子化された学術論文をネット経由で利用する電子ジャーナルというものが台頭してきた。この電子ジャーナルにおいても価格が高騰し,大学図書館にとっては大きな問題となっている。

大学図書館の役割の1つである学習支援には,学生自身が必要な情報を効率よく収集し,選択し,利用するといった情報リテラシーの力を身につけるためのサポートも含まれる。そのため図書館の利用法を習得する図書館ガイダンスや,文献の探し方を学ぶ情報探索法セミナーなどを開催したりする。

最近では,図書館利用資格を学生や教職員に限定せず,地域貢献という観点から地域住民等にも利用を許可する大学図書館も少なくない。ただし,利用できるサービスは学生や教職員とは異なり,閲覧は可能だが貸出はできないケースや有料で利用登録を行う必要があるケースなど,制限や条件を設けていることが多い。また,地域住民等の利用の増加は,本来の利用者である学生や教職員の資料やサービスの利用を制限させることにつながりかねない。相反する立場の利用者に対して,大学図書館はバランスを考えたサービスを検

討する必要がある。

> **学校図書館**

学校図書館は小学校，中学校，高等学校，特別支援学校および中等教育学校に設置される図書館を指す。多くの人がこれらの学校に通学していた際に図書室を利用したことがあるだろう。この図書室が学校図書館法に規定された学校図書館に該当する。同法1条において「学校図書館が，学校教育において欠くことのできない基礎的な設備である」とされ，学校には学校図書館を設置する義務があるとしている（図3-1）。学校図書館とは，同法2条において「図書，視覚聴覚教育の資料その他学校教育に必要な資料（以下「図書館資料」という。）を収集し，整理し，及び保存し，これを児童又は生徒及び教員の利用に供することによって，学校の教育課程の展開に寄与するとともに，児童又は生徒の健全な教養を育成することを目的として設けられる学校の設備」であると定義されている。

学校図書館の機能として次の2つがあげられる。1つは，学校教育の一環として，読書経験を積んだり読書に親しむきっかけとなる場としての「読書センター」である。もう1つは，児童生徒の自発的，主体的な学習活動の支援と，情報活用能力の育成を通じて教育課程の展開に寄与する「学習・情報センター」である。

日本の学校図書館の歴史を振り返ると，学校図書館法2条のようには「学校の教育課程の展開に寄与する」図書館として活用されてこなかった面は否定できない。だが情報化が進むなかで「生きる力」を育むことが重視されるようになり，学習指導要領のなかで学校図書館を計画的に活用した学習活動についてふれられるようになった。それを受け，たとえば「総合的な学習の時間」にみずから設定したテーマについて学校図書館の情報資料を利用して調べ，自

分で疑問を解決し，その結果についてまとめて発表するというような学習が行われるようになっている。

このような学校図書館を活用しながらの教育活動は「総合的な学習の時間」に限定されるものではなく，国語や社会や理科といったさまざまな科目で横断的に行われるべきものである。ここで重要な役割を果たすのが司書教諭である。司書教諭は教員の一人であり，自律的に学校図書館の運営を担い，さらには図書館の知識や技術を活かし児童生徒や他の教員に対して学習および学習指導に必要な情報資料の提供や図書館活用のサポートを行う専門的職務を遂行する。

学校図書館法5条によって学校には司書教諭を置かなければならないとされているが，これには同法附則で例外が設けられ，現在では12学級以上の学校を対象としたものであるため司書教諭が配置されていない学校も存在する。司書教諭が配置されている学校でも，司書教諭に発令された教員は通常の授業を受け持つだけでなく，学級担任や部活の顧問などにもあてられていることが少なくない。現実には，学校図書館の運営を兼務で行うことには無理があり，その欠けたところを補う意味でも図書館についての専門的な知識・経験を有する事務職員として採用された学校司書の働きに依存するところが大きい。2014（平成26）年に学校図書館法が改正され，学校に学校司書を置くように努めることが規定された。

| 専門図書館 |

専門図書館には多種多様なものがあり，一言で定義することが難しい。いままでとりあげてきた国立図書館，公共図書館，大学図書館，学校図書館以外の「その他の図書館」イコール専門図書館という大まかなくくり方のほうが捉えやすいかもしれない。専門図書館としての共通点は，特定の主題もしくは領域に関する情報資料を専門的に収集し提供し

第3章　図書館の機能と種類

Column ③ 刑務所図書館

1994年に公開されたアメリカ映画『ショーシャンクの空に』は，架空のショーシャンク刑務所が舞台となっており，そこには図書室が設置されている。欧米や中国の刑務所図書館は，通信教育を受ける受刑者や受刑者が一定の知識やスキルを身につけるために開かれている。

立谷（2008）によれば，日本の刑務所には，刑務所建築準則56条の定めにしたがい，図書室が設置されているとのことである。しかし，それは，一定の範囲で自由に図書室に出かけ，そこで閲覧し，貸出サービスを受けることができるという私たちがイメージするものにはほど遠く，いまだ時代遅れの閉架式の取り扱いをされているのだそうである。「官本」と呼ばれる刑務所図書室に備え付けの図書は新鮮度に欠け，蔵書目録に基づき貸出を受けるには1,2カ月を要するとある。貸出期間は1カ月以内，貸出冊数は3冊以内とされる。刑務所に収容されていても，基本的人権は享受できるはず，知る権利，学ぶ自由の行使は一般に認められなくてはならない。ところが，みずから入手しようとしたり，面会人等から差し入れられる「私本」には検閲手続きが課され，1,2カ月先にならないと手に取ることができない。内容が自殺関連記事，性的描写，暴力団の対立抗争に関するものなど，刑務所の担当者が反社会的と判断した記事・書籍は排除される。私物として身近に保有できる書物の数量も限定される。

ていることである。

専門図書館の種類は多種多様である。代表的なものとして，官公庁や独立行政法人，特定の団体や機関等が設置している図書館，地方議会議員の調査研究のために設置された地方議会図書館，企業が設置する図書館などがある。企業図書館には，社員に限定して情報提供する企業内図書館と一般市民に向けてサービスする公開型図書館がある。この他にも，美術館や博物館に付設される図書館，視聴覚障害者のための情報提供機関，刑務所内に設置される刑務所図書

館（*Column* ③参照），患者や病院スタッフが利用する病院図書館などもある。

　多くの専門図書館が利用資格をその組織に所属する職員や社員，会員などに限定しているが，一部の専門図書館は一般の利用者に対して公開をしている。公開している場合でも，無条件・無料で利用できるケース，利用にあたって紹介が必要なケース，有料で利用できるケースなど図書館ごとに異なる。

　このように設置母体も利用対象者も収集資料も多様な専門図書館は，設置の根拠となる法令が存在しないことが多い。設置が規定されている専門図書館の例としては，地方公共団体の議会図書室があり，地方自治法100条19項によって設置される。

　専門図書館の規模もさまざまである。傾向としては小規模ないしは中規模の図書館が多く，そのため図書館にかかわる職員数も少人数であることがめずらしくない。大企業でさえ企業内図書館を一人で運営するワンマンライブラリアンという例も存在する。また，図書館スタッフとして配置されるのは必ずしも司書の有資格者というわけではない。企業内の人事異動によって「たまたま」配属され，業務を通して図書館について学び，キャリアを積んでいくようなケースも多い。

　このように少人数で図書館を運営する状況下で心がけるべきことは，外部の専門図書館員と交流したり，研究会に出席したりするなどして人的ネットワークの構築に努めることである。ライブラリアンとして自己研鑽を積むことも重要であるが，困ったときにアドバイスを求められる人脈があることは大きな武器となる。

★ 用語解説

請求記号　　所在記号ともいう。資料の配架場所を示す記号で，一般的に分類記号に図書記号を加えて表す。同じ分類記号の資料の配架順を決めるために，著者名などを記号化した図書記号を分類記号と組み合わせて請求記号とする。この請求記号の順に資料を並べる。

ＯＰＡＣ　　Online Public Access Catalog のことで，図書館が所蔵する資料の目録情報を電子化した利用者向けのコンピュータ閲覧目録。オンライン閲覧目録ともいう。図書館内の端末で利用するほか，図書館のウェブサイト上で公開されることも増え，インターネットを介して検索することができる。

電子書籍　　図書や雑誌，新聞などの出版物をデジタル化し，専用の端末やタブレット端末，パソコン等で閲覧できるようにした電子資料。いったん紙の本として出版されたものをあとからスキャナ等で読み込んで電子化する場合もあれば，最初からデジタル形態で発行される場合もある。オンライン書店等による電子書籍の販売（配信）が一般化している。1つの端末に多数の電子書籍をダウンロードすることができるため，保管スペースの節約，持ち運びのしやすさといったメリットがある。

納本制度　　出版物の網羅的収集および保存，全国書誌作成のため，出版者が出版物を国立図書館に納入することを法律によって義務づける制度。日本では国立国会図書館法により，国立国会図書館へ出版物を1部納本することとされている。

 読書案内

日本図書館協会図書館調査事業委員会編『日本の図書館──統計と名簿』日本図書館協会（年刊）。
　公共図書館と大学図書館を中心とした日本の図書館に関する基本的統計書である。刊行前の速報や刊行後の訂正については，日本図書館協会のホームページに掲載される。

『**図書館の学校**』公益財団法人図書館振興財団（季刊）。

　図書館振興財団の機関誌。この財団が行う助成事業や図書館を使った調べる学習コンクール等に関する記事に加え，多彩な連載記事が掲載されており図書館の動向を知ることができる。以前はNPO「図書館の学校」の機関誌として発行され，途中で『あうる』と誌名が変更した。その後，図書館振興財団の機関誌として引き継がれ，再び誌名が『図書館の学校』となっている。

『**図書館雑誌**』日本図書館協会（月刊）。

　日本図書館協会の機関誌。各号に特集が組まれているほか，図書館界のニュース等も掲載。日本図書館協会からは『図書館雑誌』とは別に『現代の図書館』（季刊）が刊行されており，こちらは国内外の図書館界の動向を展望した研究や論文などを主に扱っている。

千野信浩『図書館を使い倒す！――ネットではできない資料探しの「技」と「コツ」』新潮新書，新潮社，2005。

　経済専門雑誌記者である著者が取材活動のなかで蓄積した情報収集術について語った書。利用者の視点から図書館の効率的な使い方を紹介している。著者おすすめの各館種ごとの図書館ガイドも掲載。

カレントアウェアネス・ポータル（https://current.ndl.go.jp/）

　国立国会図書館が運営する図書館界・図書館情報学に関するポータルサイト。『カレントアウェアネス-R』は図書館の「いま（カレント）」がわかるニュースをサイト上に掲載し，『カレントアウェアネス-E』は最新ニュースをメールマガジンとして発行している。

引用・参考文献

関口礼子編著『新・生活のなかの図書館』学文社，2000。

全国出版協会・出版科学研究所編『2023年版 出版指標年報』全国出版協会・出版科学研究所，2023。

立谷衣都子「日本の刑務所図書館史――看読書籍と読書活動」東京大学大学院教育学研究科総合教育科学専攻修士論文，2008。

日本図書館情報学会用語辞典編集委員会編『図書館情報学用語辞典 第5版』丸善出版，2020。

文部科学省総合教育政策局調査企画課編『社会教育統計〈令和3年度〉――社会教育調査報告書』文部科学省，2023。

《ウェブページ》
文部科学省科学技術・学術審議会学術分科会研究環境基盤部会学術情報基盤作業部会「大学図書館の整備について（審議のまとめ）」文部科学省，2010。

第 II 部

図書館を利用する

第4章　図書館のサービス
第5章　図書館のコレクション
第6章　図書館の情報組織化
第7章　図書館のネットワーク
第8章　電子書籍時代の図書館
第9章　図書館利用教育と情報リテラシー

町民や市民のための地方の公共図書館(上:[提供]小布施町立図書館 まちとしょテラソ/[撮影]大井川茂,中・下:[提供]和泉市立シティプラザ図書館)

第4章 図書館のサービス

自動貸出機（[提供] 和泉市立シティプラザ図書館）

　図書館は，利用者に対して，多種多様なサービスを提供している。この章では，図書館サービスをパブリックサービスとテクニカルサービスの2つに大別し，それぞれのサービスについて概説する。

　閲覧や貸出に代表されるパブリックサービスは，利用者がそのサービスを直接実感できるのに対して，資料選択や分類・目録作業といったテクニカルサービスは利用者からは具体的に認識しにくいものである。そのためパブリックサービスに目を向けがちになるかもしれないが，パブリックサービスはテクニカルサービスが充実することによってはじめて機能するものであることを十分理解しなければならない。

1 パブリックサービス

　多くの人は「サービス」という言葉を聞くと，当事者が何らかの便益を直接的に享受しうるというイメージをもつであろう。図書館が利用者に提供するサービスも同様に捉えられるかもしれない。しかし，実際には，利用者が図書館から直接的に受け取るサービスのほかに，利用者の目にふれにくく間接的に享受しうるサービスがある。前者をパブリックサービスといい，閲覧や貸出，レファレンスサービスなどが具体的なサービスとしてあげられる。後者をテクニカルサービスといい，目録作業や分類作業などがこれに該当する。ここではまず，パブリックサービスからとりあげることにしたい。

> **閲　　覧**

　図書館内で図書館の所蔵資料を読んだり見たりして利用することを閲覧という。資料が配架（排架）されているスペースを閲覧室と呼ぶが，じつは貸出中や閲覧中を除いた資料のすべてが閲覧室に並んでいるとは限らない。一部の図書館資料は書庫スペースに収納され，利用者が直接資料を手に取るのではなく，資料の出し入れは図書館員が行う方式を採用している場合がある。これを閉架式といい，利用頻度の低い資料や貴重書（古書などとくに重要であると見なされた資料）などを閉架書庫に配架することが多い。これに対して利用者が直接資料を手に取れる配架方式のことを開架式という。最近では，人手の問題もあり，従来の閉架書庫に利用者を入れ，開放書庫とすることもめずらしくはない。その一方で機械が自動で資料を出納する自動書庫を導入する図書館も増えつつある。この場合，利用者が閲覧室にある

OPAC（第3章用語解説参照）端末から希望する資料を請求すると，該当資料が人の手を介さず機械によって書庫から運ばれてくるのである。

貸出

館内で図書館資料を閲覧する以外に，利用者が一定期間館外へ資料を持ち出し，時間や場所に制限されず独占的に読んだり見たりすることができるのが貸出サービスである。しかし，図書館資料のなかには禁帯出のラベルが貼られ，館外への持ち出しを禁止しているものもある。禁帯出の扱いにされる資料の例としては，貴重書のほか，多くの利用が見込まれる雑誌の最新号や参考図書などがあげられる。図書や雑誌などの図書館資料のほかに，最近では電子書籍などデジタルコンテンツを貸出する図書館が登場している（第3章参照）。2024年4月現在，日本の公共図書館での電子書籍提供サービスは437館となっている。

　貸出期間や貸出可能な資料の点数は図書館ごとに決められている。館外へ持ち出した資料については，貸出手続きした図書館に持参して返却手続きを行う。多くの図書館では，閉館時にはブックポストと呼ばれる図書館の外部に設置されている開口部へ資料を投函することで資料を返却できる。図書館によっては，同一エリア内の他の図書館でも返却できたり，駅ビルなどの図書館以外の施設にもブックポストを設置し，そこで返却できたりもする。

　最近の図書館は，多くの利用者が関心をもっていると思われる特定のテーマについてパスファインダー★を作成している。利用者にパスファインダーを手にとってもらうことで，閲覧や貸出等のさらなる利用を促進することにつながる。

予約，リクエスト

利用者が利用したいと思った資料が貸出中だった場合，利用者は「予約サービス」を申し込むことができる。該当の資料が返却された際に，予約した利用者に図書館がその資料を優先的に提供する仕組みが予約サービスである。また，利用者がOPACで資料を検索し，その画面から予約を申し込むことができる仕様のOPACも登場している。

ところで利用者が利用したいと思った資料が図書館に所蔵されていなかった場合，その資料の利用を諦めるしかないのだろうか。このような場合，「リクエストサービス」を利用することができる。図書館は自館の収集方針や資料選択基準などに照らし合わせ，利用者から問合せのあった資料を購入するかどうか決定する。あるいは該当資料を所蔵している他の図書館から借りて利用者に提供することもある。このように所蔵していない資料を入手希望として受け付けて対応するサービスをリクエストサービスという。

複　　写

図書館資料そのものの貸出を受けずに，資料のなかから必要な情報のみを記録として持ち帰りたい利用者もいるだろう。必要な情報量が多くなると書き写すのは面倒である。このような場合のために，図書館は**著作権法31条1項**に基づいて複写サービスを提供している。図書館での複写は，原則として，図書館資料の一部分について，利用者一人に対して一部のみコピーするのがルールである。著作権法上，コピーの主体は図書館でなければならないが，実際の運用としては，コイン式のコピー機を図書館内に設置し，利用者自身がコピーするという方法を採用している図書館が多い。その場合，利用者に複写申込書に資料名や複写するページ等を記入させ，図書館に提出してもらう形式をとっているところが多い。

> レファレンスサービス

　図書館の利用者は，必ずしも具体的に資料を特定したうえで，閲覧したり貸出サービスを利用したりするとは限らない。「環境問題について書かれた資料があれば読んでみたい」とか「伊藤博文の経歴や業績を知りたい」など何らかの情報ニーズを抱えているものの，利用しようとする具体的な資料を特定せず来館することも多い。図書館員はこういった利用者から何らかの情報ニーズについて問合せを受けると，図書館資料にあたり，回答する。このような利用者への人的援助サービスをレファレンスサービスという。利用者が求めている情報や資料を図書館員が的確に効率よく調べて提供するためには，図書館資料の種類や特徴などを熟知していなければならない。

　また，レファレンスサービスで頻繁に使用するデータベースや参考図書などのレファレンスツールを整備し充実させることも重要である。その際，自館が所在する地元地域に関する情報など，市販のレファレンスブック（参考図書）等では十分に情報が得られない場合には，その図書館が独自にレファレンスツールを作成しておき，利用者からの質問に迅速に対応できるよう整備しておくこともある。

　利用者からのアクションとしては，図書館カウンターにいる図書館員へ直接口頭で，あるいは手紙などの書面で，もしくは電話やFAX等によって質問が投げかけられる。最近では図書館へのeメールでの質問や，図書館のウェブサイト上に利用者が質問を書き込むページが用意され，インターネットを介して回答が得られるデジタルレファレンスという方式も登場している。

> 情報検索サービス

　図書館員がレファレンスサービスで使用する資料は図書・雑誌・新聞といった紙媒体ばかりではない。電子情報資源も対象となり，図書館員は検索エ

Column ④　図書館員の情報資料知識

　図書館員は情報資料について，常識を超えた知識をもたなければならない。OPACを検索した利用者から貸出中の夏目漱石の『吾輩は猫である』が利用したいといわれれば，笑顔で「大丈夫ですよ」と応え，日本文学全集や夏目漱石全集，青空文庫に収録されている『吾輩は猫である』を紹介しなければならない。名探偵ポアロががんばる1978年に公開されたイギリス映画『ナイル川殺人事件』はアガサ・クリスティの作品でビデオやDVDで楽しむことができるが，図書としては『ナイルに死す』『ナイルの死』というタイトルである。環境問題の古典であるレイチェル・カーソンの『沈黙の春』(*Silent Spring*)は『生と死の妙薬──自然均衡の破壊者科学薬品』というタイトルでも翻訳が出ている。

ンジンでインターネットを検索したり，図書館が業者と契約しているデータベースなども利用したりする。紙媒体として刊行されているもののうちデータベース化されているものはまだ一部にとどまるが，それでも百科事典，新聞記事，雑誌記事，企業情報，法令・判例情報など多様な情報がデータベース化されている。

　多くの図書館は，利用者もデータベースやインターネットなどの電子情報資源を利用できるよう情報端末を閲覧室に設置している。図書館員もレファレンスサービスの業務用ツールとして端末を利用する。ときに情報機器の利用に躊躇する利用者には，図書館員が適切なデータベース等を選択し，情報検索を代行することもある。

レフェラルサービス　　それぞれの図書館が所蔵できる情報資料には限界があるし，利用者の求める情報がそもそも公刊資料やデジタルコンテンツに掲載されていないこともある。レファレンスサービスにおいて利用者が満足する十分な情報

や資料を必ず提供できるわけではない。しかし特定の分野に属する専門的情報については，専門的機関が存在するし，専門家もいる。場合によっては図書館が専門的機関やその分野の専門家に照会し得られた回答を利用者に提供したり，その連絡先などを利用者に紹介したりすることもある。このような館外の専門機関，専門家を利用者の求める情報源として活用する手法をレフェラルサービスという。レフェラルサービスはレファレンスサービスの流れのなかから発展して行われることが多く，両者は密接な関係にある。

カレントアウェアネスサービス　カレントアウェアネスサービスは，利用者の求める最新の情報を定期的に提供することを目的としたサービスのことである。

たとえば，利用者があらかじめ指定した雑誌の最新号を図書館が受け入れたとき，その雑誌の目次をコピーし利用者に提供する。これをコンテンツシートサービス，あるいは目次サービスという。利用者はその目次に目を通し，仕事や研究に関連のありそうな記事があるかどうかを判断する手がかりとして利用し，必要な記事論文があれば図書館に複写等を依頼する。

また，特定の雑誌に限定せず，利用者の情報ニーズを検索式として表現しておき，それを用いて選択したデータベース等を定期的に検索して結果を提供したりする。これを **SDI**（selective dissemination of information：選択的情報提供）サービスという。

カレントアウェアネスサービスは，最新情報の把握が研究開発や職務に大きな意味をもつ研究者・技術者や専門的職務に従事する人たちにとってニーズの高いサービスである。

> 利用案内

図書館利用者のすべてが図書館の利用方法を熟知しているわけではない。「図書館の使い方」を利用者に知ってもらうことも図書館サービスの1つである。このようなサービスを利用案内という。学校図書館や大学図書館などでは，教育機関内の図書館であることから利用教育，利用指導などの言葉が使われることが多い。

「OPACはどう操作したらよいのか」や「地図や新聞縮刷版はどこにあるか」といった質問に対して直接回答（案内）することはもちろん，図書館オリエンテーションや情報探索セミナーなどを開催し，利用者が図書館を効率よく効果的に利用できる力を身につけてもらうために体系的な教育活動を行うことも含めて利用案内として考える。オリエンテーションやセミナーの講師を図書館員が務めることも多い。そのため，図書館員には複数人の前で情報探索法などを体系的にわかりやすく説明できる講師としての能力も求められている。

> 図書館におけるイベント開催

公共図書館では児童サービスの一環として読み聞かせやお話会が行われる。また，図書館には集会室や視聴覚室，多目的ホールなどが設置され，読書会や講演会，DVD鑑賞会なども実施される。図書館の壁面を利用して，地元の児童生徒の絵や書，地元のアマチュアカメラマンの作品などが展示されることもめずらしくはない。図書館は，各種イベントを通じて，利用者の交流の場としても機能している。

図書館は来館する人たちだけでなく，図書館の利用圏域に住みながらも物理的に来館が困難な人たちに対して，アウトリーチサービス★を実施していることもある。

2 テクニカルサービス

　利用者の目にふれにくく間接的に提供されるテクニカルサービスには，資料の選択・受入，分類作業，目録の作成，装備，配架といった資料を整理・保管することに関連する業務が含まれる。テクニカルサービスは，パブリックサービスが有効に機能するための基盤として非常に重要なものである。

情報資料の選択・受入　　図書館は資料を購入する予算が決められており，その範囲内で収集方針や資料選択基準に則り，受け入れる資料を選ぶ。収集・選択の対象が図書の場合は「選書」ということになる。選書の方法としては，書店から図書館へ持ち込まれる図書の現物を，直接手に取ったうえで購入するかどうかを決定する方法（見計らい）や，新刊書の書誌情報を掲載した出版情報誌や新聞等に掲載された書評や出版広告を参考に選ぶ方法がある（第5章参照）。

　書誌情報等から選書した図書については，書店等に発注する。図書館の収集方法としては最も一般的である。一方で資料のなかには非売品も存在する。たとえば官公庁が発行する行政資料や大学が刊行する紀要などがその例で，その場合，図書館は寄贈依頼を行う。その他，任意に図書館に寄贈されることも少なくないが，そのときにも図書館は収集方針，選書基準にしたがい，受入の可否を判断する。また，寄贈とは異なり，資料の所有権を譲渡しないまま図書館に資料の保管や利用を委託する場合は寄託という。

　発注した資料や寄贈依頼した資料が図書館に到着すると，発注あ

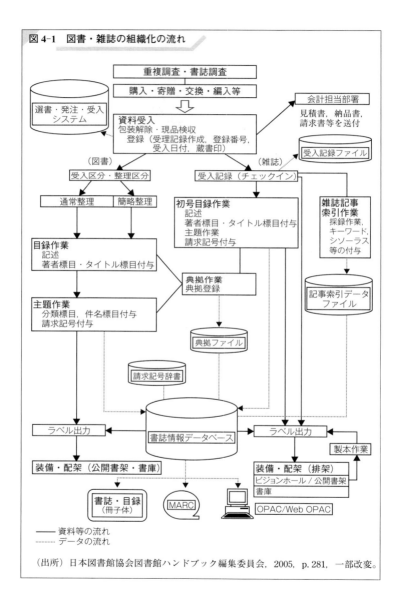

図4-1 図書・雑誌の組織化の流れ

(出所)日本図書館協会図書館ハンドブック編集委員会,2005, p.281,一部改変。

るいは依頼した内容と現物や伝票類とを照合し，間違いがないか，現物に乱丁や破損などがないか確認する（**検収**）。問題がなければ資料の受入原簿に記載し登録する。購入したものについては会計処理を行う。最近では発注から会計処理までを統合的にコンピュータシステム上で処理することが多い。

目録作業

利用者がすでに知っている著者名やタイトルなどの手がかりや探したいテーマで目録を検索すれば，利用者はその条件に該当する資料を確認することができる。目録に記録された情報にあたることで，検索された資料を実際に手に取る前に自分の求めている資料なのかどうかをある程度判断することができる。目録には資料の配架場所が示されており（所在記号あるいは請求記号については第3章用語解説参照），その情報をもとに配架場所へ移動し資料を手に取ることとなる。

図書館員自身も資料を検索する際に目録を利用する。効率よく的確な情報を得るには目録に必要なデータを登録しておく必要がある。この登録作業のことを**目録作業**という。

たとえば『現代に活きる博物館』という図書を図書館で受け入れたとする。目録担当者は表紙や背表紙に表示されているタイトルや著者などの情報を確認するだけでなく，その他に図4-2のような標題紙（タイトルページ）や奥付などもチェックする。これらに記載された情報をもとに，タイトル，著者名，出版社，出版年，ISBNなどのデータを目録に登録する。この図書の場合，タイトルは「現代に活きる博物館」，著者名（目録では責任表示）は「君塚仁彦」「名児耶明」，出版社（目録では出版者）は有斐閣，出版年は「2012」，ISBNは「978-4-641-18342-1」となる。

上記に加え，さらにいろいろな情報を目録に登録するが，目録作

図 4-2 『現代に活きる博物館』の標題紙(左)と奥付(右)

業は一貫性を保つため目録作成のルール（目録規則）に則って行われる。図書館員は目録規則を理解し，適切な目録作成を行う必要がある（目録規則については第6章参照）。

　OPACが普及している現在，目録作業はコンピュータで入力するのが一般的である。目録作業の方法には，オリジナルカタロギングとコピーカタロギングの2つがある。前者は自館で最初からデータを入力する方法で，後者は外部の書誌作成機関が提供する書誌データをコピーし，自館の状況に合うようデータに手を加えるという方法である。現在では，多くの図書館がコピーカタロギングを採用している。

　ここまでは，特定の図書館が所蔵する資料へのアクセスを保障する「蔵書目録」を念頭に置き論じてきたが，複数の図書館の所蔵資

料を横断的に検索できるものとして**総合目録**★がある。日本の代表的な総合目録には，全国の大学図書館等が所蔵する図書や雑誌等の情報を検索できる CiNii Books がある。

> **分類作業，件名作業**

目録作業と並行して分類作業も行われる。分類作業とは，受け入れた資料がどのような主題を扱っているかを分析し，分類記号として表現し付与する作業である（第6章参照）。

分類には書架分類と書誌分類の2種類がある。書架分類は資料を書架に並べるためのもので，原則として1点の資料につき1つの分類記号が付与される。一方，主題からの検索に対応するために目録に記載した分類を書誌分類という。書誌分類には付与する分類記号の数が1つだけという制限はない。

分類作業も目録作業と同様に誰が作業に従事しても一貫性が保たれる必要がある。そのためにあらかじめ決められた分類体系に則って分類記号を付与する。日本の多くの図書館は「**日本十進分類法**」（NDC）に基づいて付与作業を行っている。もっとも，コレクションの範囲と利用者の属性から，その図書館独自のルール，もしくは NDC の別法が採用されることもある。

「日本十進分類法」はアラビア数字を組み合わせて記号として表現している。図4-2の図書の場合，分類記号は「博物館」を表す「069」が付与される。付与する分類記号の詳しさ（桁数）は図書館ごとに方針が定められているため，同じ資料であっても図書館によって分類記号が異なるケースも出てくる。

分類体系の知識が乏しい利用者にとっては，分類記号を見るだけではどのような主題を表しているのかがわかりにくい。そこで目録には主題を言葉で表した**件名**が記載される。たとえば主題が「いけ

ばな」の場合は件名を「華道」とするというルールであるとすると、『華道上達法』や『いけばな入門』というタイトルの図書の目録データにはどちらも件名「華道」が付与されることになる。

このように件名を付与する作業を**件名作業**といい、分類作業と同様に基準となるルールに基づいて作業が行われる。日本では一般に「**基本件名標目表**」（BSH）がツールとして用いられる。国立国会図書館の「国立国会図書館件名標目表」（NDLSH）に基づいて件名作業を行う大学図書館もある。

分類や件名を付与する際に、分類・件名担当者は資料のどの部分を見ているのだろうか。図書を例にして考えると、標題紙や奥付に表示されているタイトルや著者名などの情報だけではテーマを把握するのに限界がある。そこで目次やまえがき、あとがき、解説文などに目を通し、おおよその内容を把握したうえで分類・件名を付与する。

ちなみに図 4-2 の場合、件名として「博物館学」「学芸員」が付与される。件名も書誌分類と同じく、複数の主題を扱った資料の場合には複数の件名を付与することができる。

前項でコピーカタロギングが主流になっていることにふれたが、その傾向のなかにあっても分類や件名の知識は必要である。自館に合った分類や件名を選択するには、基準とする分類法や件名標目表の理解が欠かせない。

分類付与も件名付与も主題分析を行うわけだが、その負担が大きくなりがちだとしてすべての資料には書誌分類や件名を付与していない図書館目録も存在するのが現実である。しかし主題から資料にアクセスするための手段として分類や件名が重要な役割を果たしているということを忘れてはならない。

> 装　備

目録作業，分類・件名作業を終えた資料は最終的に書架に配架される。その際にはラベルを貼ったり，フィルムコーティングによる補強などの装備が施される。図書の場合であれば，請求記号（所在記号）が記載されたラベルを図書の背に貼る。請求記号は分類記号と図書記号が組み合わされて記載されていることが一般的で，これらの記号順に資料は書架に並べられる。

　そのほかにも禁帯出扱いの資料や大型本，CDやDVDなど扱いが通常のものとは異なったり別置★している資料には，それを表すラベルが貼られることが多い。

　最近では多くの図書館が資料の管理をコンピュータシステム上で行っているため，貸出，返却，紛失防止のためにバーコードラベルやICタグ，タトルテープを貼る必要が出てくる。バーコードやICタグには資料の書誌情報等が記録されており，主に貸出返却時にコンピュータに読み取らせて処理する。タトルテープはブックディテクションシステム（BDS）と連動して使用される。BDSは貸出処理を行わずに資料を館外に持ち出すことを防ぐためのシステムで，未処理の資料とともに出入口に設置されたゲートを通行すると警告音が鳴ったり，バー（横棒）が閉じたりするものである。タトルテープからは貸出処理がされている・されていないことを表す信号が発信され，ゲートがその信号を読み取って作動する。

　資料は多くの人々の手に取られることで汚れたり破損しやすくなる。それを防ぐために透明のフィルムで表紙をコーティングする。最近では資料発注先の取次会社がフィルムコーティングやバーコードラベル等の貼付を施したうえで納入するサービスを展開しているケースもある。

　本章では，日本の図書館の現状をふまえ，伝統的な紙媒体資料を

中心として図書館サービスのありようを紹介した。しかし，日本の図書館も，先行する欧米の図書館サービスの展開を意識し，やがてはその動向を追って，マルチメディアデジタルコンテンツ流通に即した情報組織化とサービスに真剣に取り組まざるをえなくなるであろう。

3　コミュニティに寄り添う図書館

　現在では，市民の多くはスマートフォンやタブレット，PCなどを用いて，グーグル（Google）やヤフー（Yahoo!）などの汎用検索エンジンや各分野のポータルサイトにアクセスし，日常発生する疑問や情報ニーズをまかなっていることがふつうである。2016年8月にはアマゾン（Amazon）が米英その他11カ国で展開してきた電子書籍の定額読み放題サービスを日本でも開始した。しかし，だからといって無料原則に貫かれている公共図書館がもつ，先進諸国で拡大する貧富の格差と表裏の関係にある情報格差を埋めるという社会的な存在意義が低下することはありえない。

　大方の日常的情報ニーズや読書機会がスマートフォン等の手軽な情報端末でカバーされるようになり，今後ますますそのような傾向が強まるなかで，図書館とライブラリアンは新たな存在価値を求めて模索している。アメリカでは'エンベデッドライブラリアン'とか'エンベデッドライブラリアンシップ'という言葉を頻繁に耳にし，目にする状況が生まれている。学校での探究型学習や大学の学部・大学院での教育研究活動，企業や組織団体での調査研究あるいは高度な商品・サービス等の新規開発のチームにおいて，それらのメンバーの一員として情報資料知識と情報探索スキルをもつライブ

ラリアンが組み込まれ (embedded),具体的状況に見合った情報をピンポイントで提供するのである。公共図書館では,コミュニティの活性化を図る再開発や地域振興等を目的とするボトムアップのプロジェクトチームの事務局にライブラリアンが参加し,集会室と適切な情報資料を提供する'コミュニティレファレンス'に取り組んでいる。

★ 用語解説

パスファインダー　ある主題についての文献や情報の調べ方を簡潔に解説したもの。各図書館ごとに利用者のニーズを分析したうえでテーマを設定し,関連文献の紹介や調べ方等をリーフレット形式にまとめ,館内で配布したり図書館のウェブサイト上で発信したりする。

アウトリーチサービス　図書館のサービス対象地域に居住していながら,障害を抱えていたり,刑務所などの施設に収容されていたり病院に入院していたりなどの理由によって図書館のサービスを受けられない人々に対して,図書館側から能動的にサービスしていく活動のこと。寝たきりの高齢者や病人に対する資料の宅配や読み聞かせ,施設へのBM(ブック・モービル,移動図書館)の運行など。

総合目録　ある1つの図書館の所蔵目録を一館目録というのに対し,複数の図書館が合同で1つの体系のもとで作成する目録を総合目録という。総合目録を利用することで,探している資料がどの図書館に所蔵されているかを調べることができる。

別　　置　通常,資料群は分類記号順に配架されるが,管理上あるいは運営上の理由から特定の資料を分類記号順ではなく別の場所に並べることがある。これを別置という。新着資料や児童書,参考図書,郷土資料などが別置されることが多い。

 読書案内

日本図書館協会図書館ハンドブック編集委員会編『図書館ハンドブック 第6版補訂2版』日本図書館協会,2016。
　図書館の理論と実務に関して網羅的に収録したハンドブック。読者対象者は図書館実務者,図書館情報学研究者に限らず,図書館の一般利用者や図書館員を志望する者も含まれている。幅広い人々に図書館についての理解を深めてもらうことを念頭に置いて書かれた書である。

井上真琴『図書館に訊け!』ちくま新書,筑摩書房,2004。
　大学図書館員だった著者が図書館の使い方について解説した書。資料の種類,資料の評価,目録,分類,レファレンスブック,レファレンスサービス,電子情報資源などについてとりあげている。

大串夏身『図書館の可能性』青弓社,2007。
　情報化社会の進展に伴い,転換期を迎えた図書館の可能性を検討し,これからの図書館の社会的なあり方を展望した書。図書館の基礎知識に加え,知識・創造的な図書館の仕事,職員のスキルアップ,図書館司書の役割についてもとりあげている。

引用・参考文献

日本図書館協会図書館ハンドブック編集委員会編『図書館ハンドブック 第6版補訂2版』日本図書館協会,2016。

第5章 図書館のコレクション

シアトル公共図書館の中央館
（出所） Wikimedia Commons.

　図書館の目的は，利用者の情報要求に応えることであり，その基盤となるのが図書館コレクションである。21世紀における図書館のコレクションといえば，図書館が収集する資料（以下，「図書館資料」）に加えて，インターネット上のウェブサイト等の物理的実態を伴わないネットワーク情報資源まで拡張して考えるべきであろう。ここでは，現代の図書館の役割が利用者の求めるすべての情報へのアクセス（の可能性）の保障であることをふまえ，図書館が取り扱う情報資料全般を図書館コレクションと捉えることにする。

1 コレクション構築方針と選択基準

> コレクション構築方針

　国際図書館連盟収書コレクション構築部会が 2001 年に公表した「コレクション構築方針作成ガイドライン」を手がかりとして，コレクション構築方針（資料収集方針ともいう）がどのようなものか考えてみよう。情報通信技術の発展は図書館業務に大きな影響を及ぼし，情報資料の提供は保有（holding）からアクセス（access）へと変化している。変動の時代の図書館コレクション構築は，コレクションの範囲と深度を明確にし，選択の基準が確立されなくてはならない。選択は所蔵にとどまらず保存，アーカイビング，廃棄を射程におさめる。さらには，計画性（planning）が求められ，予算削減の場合などは情報資料の入手・保有，アクセスの確保の優先順位がそこから導き出され，コレクションの質と量の維持につながるものでなければならない。

　また，こういった方針が公表されていれば，情報資料のコレクション構築と図書館サービスに関する，図書館と利用者との間のある種の契約と見なすこともでき，館内外の社会的関係（public relations）の整序にも資する。それだけではなく，1 つの図書館で利用者の多様な情報ニーズに応えられるはずもない現状を鑑みると，図書館の相互協力や情報資料の共有にも貢献する。このコレクション構築方針を単なる図書館の文脈を超えて機能させようと思えば，抽象的な文言に終始するのではなく，分野ごとに計測可能な量的指標と関係者の質的評価によって，定期的にチェックされなければならない。

　日本の公共図書館でも，「資料収集方針」等の名称で，当該図書

館がどのようなサービスを提供するかについて，コレクション構築の目的，意義，サービス対象，収集範囲等を明確に規定し，住民の理解と参加を得るための文書を作成している。図書館や設置自治体のウェブサイト上にコレクション構築方針を公開している例もある。上述のように，コレクション構築方針の作成および公開は，コレクション構築に対する利用者の理解を得るとともに，いっそう望ましいコレクション構築のためのフィードバックを得るために不可欠だからである。

　実際の資料の収集においては，コレクション構築方針に加え，分野ごとに個々の資料を収集すべきかどうかを判断する際に用いる，より実務的な選択基準も作成しておくことが必要である。このとき，第12章に詳述する「知的自由」「図書館の自由」の理念に沿うようなコレクション構築でなければならない。

資料選択に関する論争　　図書館では，どの資料を収集するかに関して論争の歴史がある。たとえば，19世紀のアメリカ図書館界では，公共図書館がフィクションを収集し提供することの是非をめぐって論争が展開された。この論争は，「フィクション論争」と呼ばれ，資料選択における2つの立場を示すものである。資料選択の基準について，1つは資料そのものの価値を重視する立場（価値論）と，もう1つは利用者の要求にあるとする立場（要求論）である。歴史的に見ると，出版市場が拡大し，読書が社会に普及するにつれて，図書館の資料選択の基準も，価値論から要求論へと変化する。とはいえ，実際には，図書館は設置目的や予算等の制約から，基本的には要求論に立ちつつ価値論的判断を下している。

　いずれにしても，どのような基準・方針によって，資料を公開す

Column ⑤ 時代を反映する新聞・雑誌

　資本主義社会においては，その発達段階に応じて，棲息可能で繁盛するビジネスモデルが決まってくる。たとえば，カメラの世界ではいまは「デジカメ」「スマホカメラ」であるが，ひと昔前までは24枚とか36枚撮りのフィルムを使っていた。そのときには街角に現像・焼きつけ・引き伸ばしを業とするDPE店が繁盛していた。「デジカメ」の現代にはそれは斜陽産業となった。

　喫茶店が若い人たちの憩いの場であったときには『喫茶店経営』（1993年廃刊）という雑誌が売れていたし，高齢化社会になれば『Sogi（葬儀）』（1991年刊行開始）という雑誌が出てくる。繊維産業を対象とする『繊研新聞』（1959年刊行開始）や，蒟蒻業界を対象とする『蒟蒻新聞』（1948年に創刊，2001年廃刊）などの業界向けの新聞もある。総合雑誌にしても，現在では『中央公論』（1899年1月～）とか『世界』（1946年1月～）がすぐに頭に浮かぶであろうが，戦前から戦後にかけては『改造』（1919年4月～55年2月）という著名な雑誌があった。人の世に現れるもののすべてに流行り廃りは避けられないが，収録される記事論文とは別の次元で，新聞や雑誌自体もまた社会の動き，世相を伝えるものである。

るのか，あるいは制限するのかが争点となろう。高尚（教育的）と低俗という価値基準は，一見もっともらしく思えるが，そのような価値基準は時代とともに変化する相対的なものでしかない。たとえば，明治時代において，小説は子どもを堕落させる俗悪メディアとして捉えられていたことはよく知られている。現代では2000年代の「ケータイ小説」もその一例であろう。そのため，資料選択については，常にその判断の拠りどころとなる価値基準を明確にしておく必要がある。上述のコレクション構築方針は，資料の選択基準の基盤を提供するものである。

> 選択基準の例

大阪府の吹田市立図書館の選択基準を例に資料選択の方法を確認しておこう。吹田市立図書館では「吹田市立図書館資料収集方針」（以下，「収集方針」）に基づき一般書の「選択基準」を定めている（吹田市立図書館ホームページ）。「収集方針」では市民の知的自由（第12章参照）を保障するために資料収集を行うことや，中央図書館や分館，分室，自動車文庫（BM）における資料収集の方針等を定めている。「選択基準」では，「日本十進分類法」（**NDC**）の各分類の資料に適用されるより具体的な基準について定められている。

たとえば，第0類総記の010図書館については，次の基準が適用される。

・入門書，解説書を中心に基本的な資料を体系的に収集する。
・主要な叢書類も収集する。
・吹田市立図書館が発行したものは必ず収集する。
・近隣の図書館および類縁機関が発行したものは積極的に収集する。

また，吹田市立図書館では「収集方針」とは別に「マンガの収集方針及び選定基準」も定めている。「マンガの収集方針及び選定基準」では，コミックスや児童向けの学習マンガ，大人向けの実用マンガを収集対象として，マンガ関連賞受賞作品や芸術性や大衆性ならびに時代性を兼ね備えた作品を選定すること，逆に過度の暴力的描写や性的描写が露骨なものや反社会的・非道徳的な事柄を扱っているもの等については慎重に選択することが定められている。このように NDC の各分類や資料種別ごとに選択基準を定めることで，限られた予算と保存スペースのなかで体系的なコレクション構築を

行っている。

なお、図書館の機能(役割)によって収集方針や選択基準が異なるのはいうまでもない。予算規模による違いはあるが、都道府県立図書館では、一般図書については文学作品から学術専門書までを、参考図書については高度なレファレンス質問に対応可能な資料を網羅的かつ体系的に収集することが基本となる。それに対して、市町村立図書館では、一般図書については利用者の要求の高い文学作品や実用書を中心として、参考図書については基本的なレファレンス質問に対応可能な資料を収集することが基本となる。

大学図書館においてもコレクション構築方針が定められているが、そもそも大学の研究・教育・学習支援に資する資料という大前提があり、公共図書館と比較すると収集対象範囲がより限定され明確である。

2 図書館資料

図書館資料は「印刷資料」と「非印刷資料」に分けることができる。

印刷資料　印刷資料としては、図書、雑誌(magazine)、新聞、リーフレット、カタログ等の小冊子、絵画、版画、地図、政府刊行物★、地域資料★等がある。

雑誌や新聞、学術雑誌(ジャーナル)、紀要、年報、年鑑等は原則として同一タイトルで継続して刊行される資料であり、逐次刊行物と呼ばれる。逐次刊行物には、定期刊行物と不定期刊行物がある。定期刊行物には、刊行頻度によって日刊、週刊、旬刊、半月刊、月

刊,隔月刊,季刊,半年刊等がある。

　新聞には,紙面内容から,広範なニュースを扱う一般紙と特定の主題等に焦点化したニュースを扱う専門紙がある。前者の代表的な新聞としては,『読売新聞』『朝日新聞』『毎日新聞』等がある。後者の代表的な新聞としては,『日本経済新聞』や『日刊工業新聞』等がある。

非印刷資料　非印刷資料としては,貴重書の閲覧や資料の長期保存等を目的として当該資料を写真技術により肉眼では判読できないくらいに縮小したマイクロ資料がある。マイクロ資料には,ロールフィルムやマイクロフィッシュ等の形態がある。マイクロ化の対象となる資料としては,古文書や貴重書,新聞,雑誌,図書等がある。

　そのほかには,音楽用CDやビデオテープ,DVD等の視聴覚資料がある。また,辞書や事典,百科事典,書誌,目録,記事索引等の二次資料をデジタル化したCD-ROMやDVD-ROM等のパッケージ系電子資料もある。

　さらに,視覚障害者等のための点字資料やDAISY★でデジタル録音されたCD-ROM等も非印刷資料に含まれる。

　このほかにも,所有を前提とする図書館資料とはかなり性格を異にするが,後述するインターネット情報資源あるいは電子情報資源(第8章参照)も図書館の重要な情報資源となりつつある。

3　出版流通と図書館

　書籍や雑誌が出版され,書店で販売されるまでの過程を出版流通

と呼ぶ。図書館は書籍や雑誌を書店等から図書館資料として購入しており，出版流通で一定の役割を担っている。ここでは，出版流通の概要やそこでの図書館の位置づけを確認しておく。

> **出版流通**

日本の出版市場は2009年に売上高が2兆円割れをしたことがニュースとしてクローズアップされたように，1996年頃をピークに年々縮小傾向にある。この数値は書籍と雑誌を合算した数字であるが，雑誌の売上高に限って見てみるとここ数年の落ち込みが顕著である。一方，書籍の落ち込みはそれほどでもない。実際，1980年代から日本の出版業界の拡大を支えてきた雑誌の売上高が，2008年を境に書籍の売上高を下回っている。

日本の出版流通は「出版社→取次（卸売）→書店」が主たる経路となっている。日本の出版流通の過程と図書館の資料選択のための検索ツールを図5-1に示した。以下，これらの現状について確認しておこう。

日本の出版社数は，ピーク時の1997年には4612社であったが，2020年には2907社まで減少している。出版社は従業員10名以下の小規模な会社が過半を占め，書籍の刊行点数についても出版社の多くは年10点以下の刊行にとどまっている。それに対して，年間1000点以上の新刊図書を刊行する出版社はわずか5社しかない。

出版社が刊行した図書を書店に送り届ける役割を果たしているのが，取次会社（取次）である。取次は，出版物を円滑に流通させるうえで中核的業務を担っており，配送等の物流機能，商品の決済等の金融機能，出版物に関する情報機能等を果たしている。2024年時点で日本出版取次協会に加盟している取次数は18社あるが，トーハンと日本出版販売（日販）の2大取次の売上高は全体の7割

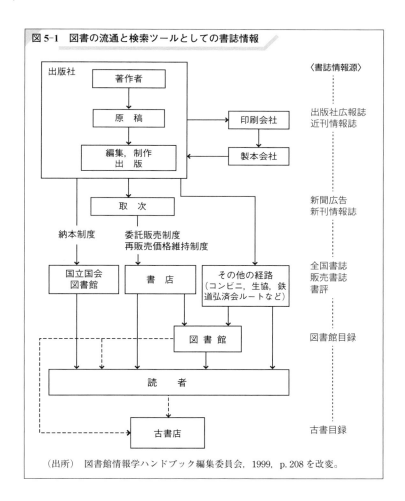

図5-1 図書の流通と検索ツールとしての書誌情報

（出所） 図書館情報学ハンドブック編集委員会, 1999, p.208 を改変。

以上を占めている。

　書店は，2024年時点で1万918店ある。書店についても，出版不況に加え，アマゾン（Amazon）等のオンライン書店が台頭した結果，その数は年々減少している。ただ，都心における大規模店の新

規出店等により，1店舗あたりの売場面積は拡大傾向にある。2000年前後から，東京や大阪等の都心部には，ジュンク堂書店等をはじめとして売場面積が1000坪を超える店舗が続々と出現した。大型書店は豊富な品揃えに加え，顧客にゆったりと店内で読書をしてもらうための机や椅子を設置し，滞在型の書店を志向している。有料・無料という違いを除けば，こういった大型書店の戦略は図書館の姿と重なる部分も多い。その一方で，オンライン書店や大規模書店の台頭によって，個人経営の小規模店舗の数は年々減少している。

委託販売制度と再販制度　出版流通を考えるうえで重要な制度として，**委託販売制度**と**再販制度**（再販売価格維持制度）がある。

　委託販売とは，小売業者（書店）の仕入れの際，メーカー（出版社）の生産した商品を買い切るのではなく，返品可能な委託という形で仕入れることができる制度である。すなわち，商品は出版社から書店に受け渡されるが，その所有権の移転は発生しない。一般的に，出版界では出版社が刊行した新刊書は取次を介して書店へと配本されるが，委託販売制度により一定期間内（契約によりさまざま）であれば書店は仕入れた商品を再び取次を介して出版社に返品できる。これによって，多品種少量生産という特性をもつ出版物を書店はみずからのリスクを負うことなく店頭販売できる。その結果，書店にとっては多くの出版物を店内に陳列することが可能になると同時に，読者にとっても多くの出版物を目にする（立ち読み）機会が保障される。しかし，仕入れが容易なため，書店がみずからの販売能力を超える商品の供給を受けて，結果として返品を増大させるリスクもある。実際，年々増加傾向にある出版点数のもと，返品率は約4割にも上っている。なお，委託販売制度はすべての出版物で採

用されているわけでなく，岩波書店等の一部の出版社の出版物については買切制が採用されている。

　再販制度とは，出版社が定めた価格を取次や書店に守ってもらう制度である。このような再販価格維持契約は独占禁止法では禁止されているが，著作物については例外として適用除外となっている。この制度により，書籍，雑誌，新聞等の著作物が国内どこでも同一価格で提供可能になっている。しかし，再販制度については，弊害も指摘されており，過去に何度か公正取引委員会で制度自体の見直しが検討されている。その結果，発行後の一定時期を限定した再販制度（時限再販）や出版社の意思で再販か非再販かを選択できる（部分再販）等の弾力的運用がされるようになりつつある。委託販売や再販制度は，後述する電子書籍普及への影響も指摘されている。

出版市場と図書館の関係

　図書館は，一般の読者が個人的に書店で購入するのと同様，出版流通経路の末端に位置づけられる。出版業界の売上高において図書館の占める割合については，公共図書館の資料購入費に限ると2％弱である。このような状況であるから，これまで出版市場において，図書館はとりたてて注目されることもなかった。しかし，出版市場全体が縮小するなかで公共図書館の数やその貸出数が年々増加していることを背景として，公共図書館の存在がクローズアップされ始めた。一部の作家等による公共図書館の「無料貸本屋論」は，その最たるものである。とはいえ，出版市場の縮小と比例するように，公共図書館等の資料購入費も自治体の予算緊縮によって年々減少している。実際，公共図書館全体の資料費の決算額を見ると，2001年度では351億9525万円だったのが2021年度では293億4828万円となっている。

出版情報　図書館の資料選択には，見計らい（第4章参照）等の現物の図書を見て選択する直接的方法と，書誌等の各種ツールを用いて選択する間接的方法がある。間接的方法に用いる各種ツールを確認しておこう（図5-1参照）。

(1) 図書を探すツール

1年間に6万点を超える新刊図書が刊行される今日，どのような図書が出版されているのかを知るには，図書や逐次刊行物を探すツールを使う必要がある。

出版情報誌から見ておこう。まず，出版ニュース社の『出版ニュース』（旬刊；2019年3月をもって休刊した）がある。これを年刊にしたものとして『出版年鑑』がある（2018年度版をもって刊行を終了した）。

また，国立国会図書館は，法定納本制度（第3章用語解説参照）によって受け入れた資料の書誌情報を「全国書誌提供サービス」としてインターネット上で公開している。そのほかには，取次である日販の『ウィークリー出版情報』（週刊；2017年3月をもって刊行を終了した）やトーハンの『トーハン週報』（週刊），図書館に対して新刊情報の提供を目的とした図書館流通センター（TRC）の『週刊新刊全点案内』がある。政府刊行物に関しては，全国官報販売協同組合のウェブサイトで出版物の情報入手と購入が可能である。また，一般読者を対象とした新刊情報としては，日本書籍出版協会の『これから出る本』（半月刊；2023年12月をもって休刊した）がある。

一方，網羅的なリストではなく，選定基準を設けて選定されたものもある。たとえば，公共図書館向けの資料として児童書から専門書までを選定したリストとして，日本図書館協会の『選定図書速報』（週刊；2016年3月をもって刊行を終了した）がある。これの年刊累積版が『選定図書総目録』である（これについても，2016年度を

もって刊行を終了した)。学校図書館向けのリストとしては,全国学校図書館協議会の『学校図書館速報版』(旬刊)がある。これの年刊累積版が『学校図書館基本図書目録』(2013年度版をもって休刊)である。

そのほか,出版社自身が刊行している広報誌も有用なツールであろう。たとえば,岩波書店の『図書』や有斐閣の『書斎の窓』,筑摩書房の『ちくま』等があり,新刊情報だけでなく連載記事等の内容も充実している。書評も資料選択の有用なツールとなる。主な書評紙としては,図書新聞社の『図書新聞』(週刊)と㈱読書人の『週刊読書人』(週刊)がある。

また,図書の購入可能性を調べる場合,出版書誌データベースを使うとよいだろう。過去に出版された図書の網羅的リストとしては,国立国会図書館のNDLサーチも有用なツールである。

(2) 逐次刊行物を探すツール

新聞に関しては,日本新聞協会発行の『新聞年鑑』がある。これによって,新聞の発行部数等の新聞業界の現況や動向を知ることができる。雑誌については,メディアリサーチセンターの『雑誌新聞総かたろぐ』がある(2019年度をもって刊行を終了した)。ここには,国内で刊行されている雑誌が分野別に収録されており,その雑誌の内容説明がある。

4 インターネット情報資源

インターネット情報資源の特質

インターネット情報資源とは,インターネットを基盤とするネットワークを介して利用できる情報資源である。具体的には,

ウェブページをはじめとして,ブログやSNS等がある。インターネット上の情報資源は,国や地方自治体,企業,大学が提供するものから友人同士の情報交換や個人の私的な日記まで,その内容は非常に多様である。

インターネット情報資源は以下の特徴を有するため,従来の図書館資料とは異なる扱い(運用・管理)が必要となる。まず,テキストや画像,音声,動画といった多様な表現形式を一元的に記録していることである。加えて,情報の複製・加工が容易であり,オリジナルと複製物の区別がない。また,情報の更新,移動,削除等が頻繁に行われ,きわめて不安定である。さらに,情報を発信できる人々の範囲が格段に広がった点も重要であろう。そして,最も大きな違いは,図書館が保有するものではなく,開かれた外部の情報資源であることだろう。

商用データベース等を除くと,インターネット情報資源の多くは無料で利用できる。その理由は,インターネット上の各種サービスのビジネスモデルが,テレビ等の(民間)放送事業をモデルとしているためである。たとえば,検索エンジンの主たる収入源は広告であり,基本的に利用者は無料で利用可能である。そのため,インターネット上で提供されるサービスの多くは無料であっても商業的色彩が強く,情報の質にも影響を与えている。このようなネットワーク情報資源の特性を考慮すると,特定主題についての外部のウェブサイトを紹介したリンク集を作成する際や,パスファインダー(第4章用語解説参照)において有用な情報源として外部のウェブサイトを利用者に案内する際には,情報の精査と選別がいっそう重要となる。とはいえ,ネットワーク情報資源が有用なツールであることに間違いなく,図書館も自館のサービスに合わせた利用が可能である。たとえば,大阪府立図書館では,ビジネス支援サービス

（第1章参照）の一環として「ビジネスWeb情報源」という名称で，ビジネス関連のウェブサイトに特化したリンク集を提供している。

　ここでは図書館とのかかわりという観点から，4種類のネットワーク情報資源を紹介する。

電子書籍

　日本では携帯電話を通じて読まれるコミックやケータイ小説が人気を博すなど，独自の電子書籍市場が展開してきた。ただ，2010年以前の出版市場全体に占める電子書籍の市場規模は1割にも満たなかった。その後，スマートフォンやiPad等のタブレットの普及の後押しもあり，長らく出版不況が叫ばれる紙の出版市場とは異なり，電子書籍市場は電子コミックを中心として年々その規模を拡大していった。ただし，電子書籍市場の拡大がそのまま図書館での電子書籍導入につながっていったわけではない。とくに公共図書館における電子書籍の導入については，紙の資料に比べ高額である等の理由もあり，遅々として進まなかった。

　2020年以降のコロナ禍によって，その状況が一変した。新型コロナウイルスの感染拡大によって公共図書館も休館や利用制限を余儀なくされたこともあり，電子書籍の導入が一気に進んだ。一般社団法人「電子出版制作・流通協議会」（電流協）によると，2024年時点において全国の566自治体が電子書籍の提供を行っており，それは全国の約3割の自治体にあたる。

　今後も公共図書館における電子書籍の提供は進むことが予想されるが，依然として紙の書籍に比べタイトル数が少ないこと，契約費用が高額であること（導入コスト）等の課題も残っている。

電子ジャーナル

1990年代から学術雑誌のデジタル化が徐々に進み,電子ジャーナルとしてインターネットを介して雑誌データを配信する仕組みが誕生している。電子ジャーナルについては,自然科学系の学術雑誌を中心に普及しており,当初は紙媒体の学術雑誌と電子ジャーナル両方を提供する形態が多かったが,紙媒体の学術雑誌の刊行をやめ,電子ジャーナルのみ提供する形態も増加しつつある。

電子ジャーナルの提供形態は,出版社が提供する場合と出版社の電子ジャーナルを包括的に収集・提供するサービスを行う業者(アグリゲータ〔aggregator〕と称される)が提供する場合に大きく分けられる。出版社の提供例であるオランダのエルゼビア・サイエンス(Elsevier Science)社のサイエンスダイレクト(Science Direct)は,約2500誌以上の科学・技術・医学・社会科学分野のジャーナルを収録する世界最大の全文データベースである。ほかには,シュプリンガー(Springer)社のシュプリンガー・リンク(SpringerLink)やワイリー・ブラックウェル(Wiley-Blackwell)社のワイリー・オンライン・ライブラリー(Wiley Online Library)等がある。アグリゲータの例としては,エブスコホスト(EBSCOhost)やインジェンタコネクト(IngentaConnect),プロクエスト(ProQuest)等がある。これらの電子ジャーナルの論文の購読は基本的に有料であるが,論文の書誌情報や抄録は無料で提供されている。結果的に,学術情報へのアクセス機会は格段に向上している。

他方,電子ジャーナルは商業出版社主導で普及してきたが,エルゼビア社等一部の商業出版社の寡占化によって電子ジャーナルの価格高騰を招いた。従来,学術雑誌については,大学図書館が契約窓口となり,所属する研究者の学術情報へのアクセスを保障してきた。しかし,学術雑誌の価格高騰によって,大学図書館が購入するタイ

トル数の急激な減少等の問題が生じた。それに対して,大学図書館がコンソーシアム(第7章用語解説参照)を組み共同購入体制を構築すること(第7章参照)や,後述するオープンアクセスの対策がとられた(*Column* ⑦も参照)。

> **オープンアクセス**

学術論文(広義には学術情報)を誰もがインターネットを通じて無料で閲覧できる状態に置くことを目指す動きをオープンアクセス(open access)と呼ぶ。オープンアクセスは,特定の事業を指すものではなく,その取組みにはいくつかの形態がある。

その1つは,研究者が自身のウェブサイトで論文等を公開するものである。これをセルフアーカイブ(self archive)と呼ぶ。これを組織的に行う事業として,機関リポジトリ(institutional repository:IR)がある。機関リポジトリとは,大学が所属する研究者の研究成果を収集,提供するものである。日本の機関リポジトリについては,国立情報学研究所の学術機関リポジトリデータベース(IRDB)に機関リポジトリのリスト等が公開されている。

また,論文の著者自身が費用を負担して読者は無料で論文を読むことができるオープンアクセス雑誌も刊行されている。その代表例として,非営利組織であるPLOS(Public Library of Science)によるPLOS BiologyやPLOS ONE等がある。

そのほか,政府主導でオープンアクセスを推進している例として,アメリカ国立衛生研究所(National Institutes of Health:NIH)が運営するPMC(旧称PubMed Central)がある。これは生物医学分野に特化した電子アーカイブで,NIHから研究助成金を得た研究者には,その成果を雑誌公表後1年以内にここで公開する義務が課せられている。日本では,科学技術振興機構が提供しているJ-STAGEで国

内の学会誌の論文等が無料で入手できる。オープンアクセスは研究者だけでなく，日常的に研究活動を行わない一般市民に対しても学術情報へのアクセス機会を保障する活動である。とくに一般市民の関心が高い医療・福祉分野の論文も数多く入手可能であることをふまえると，公共図書館が自館のサービスにいかにオープンアクセスを活用していけるかが今後の重要な課題となる。

地域アーカイブ　インターネットを活用して地域の情報を収集，保存し，公開する取組みが公共図書館を起点として行われている（ウェブアーカイビングについては第8章用語解説参照）。公共図書館と地域住民が協同で構築したアーカイブの事例として「北摂アーカイブス」を紹介したい。これは，大阪府の北摂地域に散在する記録（写真）を収集・整理し，電子データとして保存し，ホームページ（ウィキ★）として編集して広く公開する事業である。同事業は，豊中市と箕面市の図書館が事務局となり，両市の住民からボランティアを募って実施された。公開資料は，両市の学校，行政機関，企業等の組織や個人から提供された写真と，「地域フォトエディター」と称される市民が撮影した写真である。ウェブサイトでは，異なる年代の市内各所の風景を収めた写真が公開されており，住民個人が写真としてもっている地域の記憶を住民全体が共有できるようになっている。本事業の特徴としては，地域住民の主導で行われたことや，住民自身が情報発信者となって集合知を生み出していることである。

★ 用 語 解 説

政府刊行物　官報，白書，調査報告書，審議会答申，統計書等の政府

や各府省庁が発行する刊行物をいう。各省庁のウェブサイトから政府刊行物に関する情報や本文が入手できる。

地域資料 図書館が所在する地域の歴史，文化，行政，市民生活等あらゆる分野に関する資料，およびその地域で作成・発行された資料を指す。近年，図書館が拠点となって地域資料を作成する事例も出てきている。

DAISY Digital Accessible Information System の略称で，視覚障害者や識字障害者のためのデジタル録音図書のための国際標準規格である。デジタル録音図書やデジタルマルチメディア図書の作成に使われている。

ウィキ（Wiki） ウェブブラウザから簡単にウェブページの発行・編集などが行えるウェブサイト管理システムの1つである。複数の人間でウェブサイトを管理することを想定しており，ページの修正や追加等，専門的な知識がなくても簡易に利用可能である。

 読書案内

柴野京子『書物の環境論』現代社会学ライブラリー4，弘文堂，2012。
　流通という視点から見た本の置かれる環境の歴史と現状について体系的にまとめられている。電子書籍時代の図書館の役割についての示唆にも富む。

安井一徳『図書館は本をどう選ぶか』図書館の現場5，勁草書房，2006。
　公共図書館における資料選択にかかわるアメリカや日本における議論を体系的に整理している。

柳井与志夫，田村俊作編『公共図書館の冒険――未来につながるヒストリー』みすず書房，2018。
　近代以降の日本の図書館の歴史を各論者が多方面から論じており，今後の図書館のあり方を考えるための示唆に富む。

引用・参考文献

日販営業推進室出版流通学院編『出版物販売額の実態 2022』日本出版販売，2022。

全国出版協会出版科学研究所『出版指標年報 2024年版』全国出版協会出版科学研究所，2024。

図書館情報学ハンドブック編集委員会編『図書館情報学ハンドブック 第2版』丸善，1999。

《ウェブページ》

国立情報学研究所学術機関リポジトリデータベース

「『吹田市立図書館資料収集方針』及び『選定基準』」吹田市立図書館ホームページより。

「吹田市立図書館マンガ資料収集方針及び選定基準」吹田市立図書館ホームページより。

北摂アーカイブス

日本出版インフラセンター

NDLサーチ

"Guidelines for a Collection Development Policy Using the Conspectus Model" 国際図書館連盟収書コレクション構築部会（The International Federation of Library Associations and Institutions〔IFLA〕Acquisition and Collection Development Section）ホームページより。

J-STAGE

PLOS

PMC

第6章 図書館の情報組織化

［提供］国立国会図書館

国立国会図書館東京本館「目録ホール」（左上：2003年，左下：2017年）
(注) 1. 国立国会図書館では1997年からOPACの提供を開始（2000年からウェブでも提供）している。2003年まではカード目録（右上画像）も利用に供していた。
 2. 右下の画像は「国立国会図書館サーチ」（国立国会図書館）（https://ndlsearch.ndl.go.jp）を加工して作成。

利用者の多様な情報要求に応えるために，図書館は多様な資料を適切に収集する必要があるが，集めただけでは十分でない。収集した資料をきちんと整理して，「この本を読みたい」「この主題（テーマ）の資料が欲しい」という要求をもとに適切な資料がすぐ探せる状態にしておかなくてはならない。具体的には，目録の作成や分類別の資料配架などが，これにあたる。「情報組織化」（information organization）とは，こうした取組みを総称する用語である。資料・情報提供サービスの基盤をつくる重要な活動であり，図書館の「専門性」の核の1つでもある。

1 情報組織化と目録

インターネットと情報組織化

本章では図書館資料の目録について主に扱うが，扉ページで述べたように，「情報組織化」は，情報を探すこと，すなわち「情報検索」に資するための仕組みを指し，必ずしも図書館に特化した概念ではない。そこで，より広い視点から話を起こしたい。

現代の人々の生活において，キーワードを入力するなどして情報を検索することは，いちいち意識する必要がないほどに日常的な行為である。これは，若い読者にとっては生まれた時から当たり前に行っている行為であろうが，それほど昔からのライフスタイルではなく，インターネットの普及によって生まれたものである。日本では1995年が「インターネット元年」と称されることが多いので，約30年前に誕生したということになる。インターネット普及以前には，学術研究などの特別な領域は別として，一般の人々の生活において「検索」は当たり前の習慣とはいえなかったのである。

検索が日常化すれば，情報組織化も注目されるものとなる。インターネットが普及してくるなかで，「メタデータ」(metadata) という言葉が登場してきた。メタデータとは，「データについての構造化されたデータ」と定義される語で，図書館資料に対する目録情報のように，何らかのデータ（対象）に関する情報をコンパクトに整理（構造化）して作成されたデータを指す。もともとはウェブページなどのインターネット情報資源が爆発的に増大するなかで，これらにも目録のようなものをつくれば情報の発見や操作が容易になるのではないかという観点から登場した言葉である。各分野で「メタ

データ標準」も開発され，1995年にアメリカでつくられた「ダブリンコア」（Dublin Core）のように分野横断的な利用を企図したものもある。

　グーグルなどの一般的な検索エンジンはウェブページの本文（全文）を検索対象としており，メタデータへの依存度は必ずしも高くないが，検索の精度を高めていくにはメタデータが必要になるとの見方もある。ウェブという仕組みの発明者であるバーナーズ゠リー（Timothy John Berners-Lee）は2001年に，メタデータをベースに意味情報の共有が図られ，より高度な情報検索・活用が行われる「セマンティック・ウェブ」（semantic web）という考え方を提唱している。また，さまざまなデータをコンピュータが扱いやすく，かつ他のデータとのつながり（リンク）を重視した形式で広く公開するLOD（Linked Open Data）提供も，2010年ごろから多くの分野で行われている。

　そもそも，ウェブ上で何らかの商品を販売するには商品についてのメタデータが，ウェブ上で旅行案内をしようと思えば観光地や宿泊施設についてのメタデータが，なくては始まらない。さまざまな経済活動・社会活動がウェブ上で行われるようになるにつれ，無数のメタデータがつくられ，ウェブ上で利用・公開されている。メタデータをつくって検索システムを提供することは「情報組織化」にほかならず，ウェブ時代にあっては，情報組織化は（この語が広く使われるわけではないが）社会全体のキー概念となっているともいえるのである。

図書館における目録

　一方，図書館は，インターネットもコンピュータもなかった時代から，情報組織化に腐心してきた。図書館には通常，人の記憶を超える量の所蔵資

料があるので、それらを検索する手段として、「目録」(catalog) がつくられてきた。開架制の図書館における分類別の配架は主題からの資料探しには役立つが、タイトルや著者からは探せない。探す手がかりとなる情報はその時々によって違うので、さまざまな角度から検索できるようにしておきたいが、資料現物の配列に頼る限り多角的な検索は実現できない。それゆえ、目録の作成・利用は図書館に不可欠である。

今日多くの図書館で一般的になっている、コンピュータ上で提供される目録を、**OPAC**(第3章用語解説参照)という。わが国でOPACが普及していったのは1980年代後半から2000年代初めにかけての時期である。それまでは、19世紀後半に考案された「カード目録」が用いられていた。ハガキよりひと回り小さい厚紙のカード(図6-1)に資料の情報を記録して、五十音順やアルファベット順に並べたものである(本章扉写真参照)。また、冊子体の目録は、もっと古くから用いられてきた。

目録法と目録規則

手近な図書館のOPACで何かを検索してみよう。まず、図書館によって多少の違いはあるが、タイトル・著者・出版者・分類・件名などさまざまな手がかりから検索が可能となっていることがわかるだろう。そして何かの資料を選択してみると、図6-2のような画面となる。ここでは、検索の手がかりにもなったタイトルや著者に加えて、ページ数などさらに多くの情報が入力されていることがわかる。さらに「請求記号」(第3章用語解説参照)等も入力されていて、その資料がどこにあるのかがわかるようになっている。これらの情報のうち、請求記号などの「所在情報」を除いた部分を「**書誌情報**」(bibliographic information) と呼ぶ。同じ出版物が複数の図書館に所蔵されている

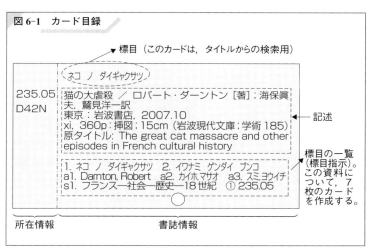

場合,所在情報は図書館によって異なるが,タイトルに始まる書誌情報は基本的には変わらないはずである。

　目録作成にかかわるルールの総体を**目録法**(cataloguing)と呼ぶ。目録法は,図書館ごとにまちまちではなく,可能な限り標準化が志向されている。標準化によって,目録作成を共同で行ったり,あるいは作成した目録を統合したりすることが容易になるからである。

　目録法の中核をなすのは「目録規則」であり,日本では,日本図書館協会が維持管理している「日本目録規則」(NCR)が標準規則として使われており,2024年現在の最新版は「2018年版」である。英語圏では,主要国の共同管理による「英米目録規則 第2版」(AACR2)が長年用いられてきたが,2010年にこの後継としてRDA (Resource Description and Access)が定められ,より国際的な広がりを見せている。図 6-1 や図 6-2 のようなデータを眺めているだけでは実感できないかもしれないが,これらの目録規則はいずれも相当大部で,かなり詳細なルールを定めたものである。

　そして目録規則の背景には,国際図書館連盟(IFLA)による国際的な標準化活動がある。その歴史は古く,1961年に「国際目録原則」★(ICP)が合意され,その後「国際標準書誌記述」(ISBD)がつくられた。各国の目録規則はこれらを土台として作られるため,一定程度の相互運用性があり,目録情報の相互交換などが可能である。

　このようにずいぶん早い時期に標準化が行われたことは評価に値するが,それは反面,まだカード目録が主流だった時代に確立されたということでもある。その後目録の作成・提供環境が電子化されていき,またネットワーク情報資源を含む電子資料など対象資料の多様化も進んだことを受けて,1990年代以降目録法の抜本的な見直しが検討されるようになった。この際 IFLA では,従来行われてこなかった目録の「概念モデル」作成が実施された。データベース

設計等にも用いられる実体関連分析（E-R分析）という分析手法によって目録が扱うべき「書誌的世界」の構造を捉え直し，目録上に位置づけるべき要素（実体）とそれらの相互関連を明確化するものである。1998年に刊行された「FRBR（書誌レコードの機能要件）モデル」がその最初のもので，その後2017年に発表された「IFLA LRM」（図書館参照モデル）に継承されている。これらのモデルを基盤としてICP等が改められた。RDAやNCR2018年版など2010年代以降に策定された目録規則もこれらのモデルを基盤とし，それまでのものとは大きく構成・内容を変えている。

2　目録法の特徴的考え方

　本章第1節で述べたように，今日ウェブ上にはさまざまなメタデータがある。なかには，オンライン書店のように，図書館の目録と同じく出版物等を対象とするものもある。本章で目録規則や基盤となる概念モデルの詳細を具体的に述べることは紙幅が許さないので，以下ではそうした他の検索サービスと比べて，図書館の目録法の大きな特徴といえる2点に絞って紹介することとしたい。これらは，1990年代以降に作られた概念モデルにおいて明確化・精緻化が図られた事項だが，基本的にはそれ以前からずっと受け継がれてきた，近代目録法における根本的な考え方である。そもそも目録の概念モデルは，書誌的世界の構造を改めて捉え直すもので，過去の目録と断絶して生まれ変わろうとしたものではない。

典拠コントロール　　図6-2の書誌情報をよく見ると，著者1名および訳者2名に関する記録が，上部と

中ほどの2カ所に出てくる。タイトル『猫の大虐殺』は上部に1度登場するだけなのに，これはなぜであろうか。一方，図6-1のカード目録では，著者・訳者だけでなくタイトルも（漢字やカナで）複数回現れている。

　カード目録時代の目録法では，書誌情報は「記述」(description)と呼ばれる部分と，「標目」(heading)と呼ばれる部分に分かれていた。記述には，『猫の大虐殺』というタイトルに始まり，おおむねは資料のタイトル・ページ等から転記された情報が記されている。目指す資料かどうかを利用者が判断するための，資料の代替物としての情報である。しかしこれだけでは，何の本かはわかるが検索ができないので，見出しをつけて五十音順等に配列しておかねばならない。標目とは，その資料を検索する手がかりとしての役割を果たす見出しの意であった。一資料に対して複数枚のカードをつくり，それぞれにタイトル・著者・主題（分類・件名）の見出し（標目）を付して配列していたのである。

　OPACになれば，コンピュータ処理によって記述にあたるデータを検索にも用いることができるので，タイトルを二重に記録する必要はなくなった。ところが，著者については，記述にあたるもの（上部の，タイトルの後ろのもの。「責任表示」と呼ぶ）に加えて，いまもなお重ねて「著者標目」が入力されている。

　これを解くカギは，記述ではカナ表記になっている著者「ダーントン」が，標目では原綴（英語形）になっているなど，それぞれの著者名の形が異なるところにある。記述の著者名（責任表示）は前述のように，資料のタイトル・ページ等から転記されたものである。これに対して著者標目は，その著者に対して1つの形を定めた「統一標目」(uniform heading)と呼ばれるものである。目録においては，タイトルからはその一資料が確実に検索できれば十分だが，著者や

> 図 6-3　OPAC の画面例（典拠情報表示）
>
> 検索画面 ＞ 検索結果一覧 ＞ 書誌詳細 ＞ **著者名典拠詳細**
>
> **Darnton, Robert, 1939-**
>
> | 著者の属性 | 個人 |
> |---|---|
> | 一般注記 | His The literary underground of the Old Regime, 1982: CIP t.p. (Robert Darnton) data sh. (b. 5/10/39)
Prof. of History at Princeton Univ.
EDSRC:屠猫记:法国文化史钩沉 / (美)罗伯特·达恩顿著 ; 吕健忠译.-(新星出版社, 2006.4) |
> | 生没年等 | 1939 |
> | から見よ参照 | ダーントン,ロバート＜ダーントン,ロバート＞
Darnton, R.
达恩顿,罗伯特 |
>
> 1. 猫の大虐殺 / ロバート・ダーントン著 ; 海保真夫, 鷲見洋一訳. -- 1990.3
> 2. The great cat massacre and other episodes in French cultural history / Robert Darnton ; ; pbk.. -- 1st Vir c1984
> 3. 書物から読書へ / ロジェ・シャルチエ編 ; 水林章, 泉利明, 露崎俊和訳. -- 1992.5
> 4. 壁の上の最後のダンス:ベルリン・ジャーナル 1989-1990 / ロバート・ダーントン著 ; 和泉雅人, 樋渡宏一訳. -- 1992.7
> 5. 革命前夜の地下出版 / ロバート・ダーントン著 ; 関根素子, 二宮宏之訳. -- 1994.3
> 6. 歴史の白昼夢:フランス革命の18世紀 / ロバート・ダーントン著 ; 海保眞夫, 坂本武訳. -- 1994.8
> 7. パリのメスマー:大革命と動物磁気催眠術 / ロバート・ダーントン著 ; 稲生永訳. -- 1987.4
> 8. 猫の大虐殺 / ロバート・ダーントン著 ; 海保真夫, 鷲見洋一訳. -- 1986.10
> 9. 禁じられたベストセラー:革命前のフランス人は何を読んでいたか / ロバート・ダーントン著 ; 近藤朱蔵訳
> 10. わが人生の記:十八世紀ガラス職人の自伝 / ジャック=ルイ・メネトラ著 ; ダニエル・ロシュ校訂・解説
> 11. 猫の大虐殺 / ロバート・ダーントン [著] ; 海保眞夫, 鷲見洋一訳. -- 2007.10
>
> （出所）　青山学院大学の OPAC（2012 年頃）をもとに作成。

　主題については，ある著者の手による，またはある主題に関する全資料が検索できるべきとする考え方が，古くからある（こうしたことを，目録の「集中機能★」と呼ぶ）。同じ著者なのに資料によって表記が異なることはしばしばあり，集中機能を果たすためには資料の標題紙等からは離れて，一人ひとりの著者に「統一標目」を付与していくことが必要である。

　図 6-2 で著者標目「Darnton, Robert, 1939-」をクリックすると，図 6-3 の画面が現れる。画面の下部には，英語のものを含めてこの著者の資料が（この図書館にある限り）すべて表示されている。これらのすべての資料には同じ統一標目が付されているためである。統一標目の付与を誤りなく行うには，各著者の統一標目を管理してお

く必要があり，その作業を「典拠コントロール」(authority control)と呼ぶ。図6-3の上部は典拠コントロールで作成されたデータであり，他言語での著者表記なども記録されている。

　これはつまり，目録を正しく機能させるには，資料についてのデータだけでは十分でないということである。IFLA LRM の概念モデルでは，個人・団体等を「行為主体」(agent) と呼び，独立した実体として規定している。各行為主体には，1つの「典拠形アクセス・ポイント★」(authorized access point) を与える。概念モデルを基盤とする新しい目録規則では，典拠形アクセス・ポイントを用いるなどして，資料とその生成にかかわった行為主体とを関連づける，実体間の関連の記録によって集中機能が果たされる。従来の標目（書誌情報に付された検索の手がかり）の機能を継承しつつ，典拠コントロール作業が明確に位置づけられた規則となっている。

　典拠コントロールは大変手間のかかる作業であり，典拠データも膨大な量となるが，目録が集中機能を果たすために欠かせないものである。

「著作」と「版」　　図6-3の下部をよく見ると，『猫の大虐殺』という図書が3つある。同じ作品なのだが，単行本と文庫本など，出版物としては3種類あることを示している。また，2番めの英語の図書は，アメリカで出版された原書である。英語と日本語ではテキストとしてはまったく異なるが，同じ作品には違いない。目録法ではこうした場合，その作品を「**著作**」(work)，個々の出版物を「**版**」(edition) と呼びならわしてきた。著作は知的・芸術的な創造物ともいうべきものであり，それが図書をはじめとする（図書とは限らず，録音や電子媒体もありうる）具体的な形になったものが版である。

上の例でも明らかなように，目録の書誌情報は版を単位としてつくられる。翻訳版や改訂版の場合はもちろん，単行本と文庫本のように基本的に同じ文章であっても，解説やページの組み方，本のサイズなどの違いがありうる。利用者のニーズがこうした違いに及ぶこともあるので，版ごとに書誌情報を作成し，版の違いがきちんと識別できる記述を行っている。なお，増刷（出版後，同じ「版下」から再度印刷し直された出版物）の場合を含め，同じ版を図書館で複数所蔵している場合は，書誌情報を二重にはつくらず，所在情報を冊数分付してすませるのが一般的である。

　出版流通業界等で図書を識別するID番号として用いられている13桁の「ISBN」（国際標準図書番号：図書の裏表紙などに印刷されている番号）も，基本的に版の単位で付与されている。すなわち，図書館だけでなく，出版社や書店等でも，ほぼ同じ単位で書誌情報をつくっているといってよい。しかしながら，目録法においては古くから，版を識別すると同時に，著作というまとまりも認識すべきだと考えられてきた。図書館の資料は，「モノ」として識別されるだけではなく，知的・芸術的内容の単位でも捉えられるべきだからである。具体的には，同じ著作に属するさまざまな版を一度に検索できる「集中機能」を実現することが求められる。図6-3で，『猫の大虐殺』は，英語タイトルの原書を含め4種類の版が表示されているが，これは，版が異なっても著者（「著者標目」としては訳者等も扱われるが，ここでは通常の意味の「著者」）は同じだからである。つまり，著者に統一標目を付与して典拠コントロールする仕組みは，著作の集中機能をも一定程度果たしている。ただし，著者のコントロールだけでは当然，同じ著者の他の著作とは混じってしまい，選り分けながら見ていかないといけないので，シェイクスピアや夏目漱石のような著作も版も非常に多い著者の場合は大変な作業となり，あく

Column ⑥ 「著作」をめぐって

　図は，抽象的な「著作」から，個別の1冊を表す「個別資料」まで，左から右に徐々に具体化されていく。出版物を表す「体現形」が「版」にほぼ相当するが，その左に「表現形」という単位を考えた点に新しさがある。表現形は，翻訳や改訂による「テキスト」（音楽作品等も考えられるので「表現」の語を用いている）の違いを表して

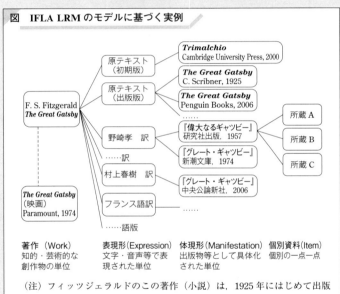

図　IFLA LRM のモデルに基づく実例

著作（Work）
知的・芸術的な
創作物の単位

表現形（Expression）
文字・音声等で表
現された単位

体現形（Manifestation）
出版物等として具体化
された単位

個別資料（Item）
個別の一点一点

（注）フィッツジェラルドのこの著作（小説）は，1925年にはじめて出版されてから，英語圏で多くの版が刊行されてきたが，のちにタイトルが異なる初期稿が見つかり，2000年に出版された。また，この著作は，世界中のさまざまな言語に翻訳されている。日本語訳も，上にあげた以外にもいくつかある。
　なお，映画作品は原作と関連はあるが別の著作と捉えられる。図では示していないが，映画の場合も表現形以下の展開が考えられる（英語原版・日本語字幕版は表現形の，DVD版・オンライン配信版は体現形の違いにあたる）。

> いる。表現形の違いを反映して新たな体現形が生まれることもあれば、表現形は同じままで複数の体現形が生じる場合もある。従来「版の違い」とひとくくりにされていたものを、より精密に捉える考え方である。
>
> 　この枠組みで、体現形はもちろん著作や表現形をもきちんと管理して、OPACにおいても図のように構造化した、資料どうしの「つながり」が明確になるような表示を行えないか、という模索が進められている。

まで「一定程度」のことである。

　IFLA LRM等の概念モデルでは、著作と版の考え方を継承しつつ、さらに精密な実体群が設定されている（*Column* ⑥を参照）。「著作」「表現形」「体現形」「個別資料」をそれぞれ独立した実体と捉え、相互に関連づけることで、資料を構造的に把握する。さらに、たとえば映画とその原作（著作間の関連）、翻訳とその原書（表現形間の関連）、復刻版とその原版（体現形間の関連）などは、従来の目録規則では記述中に注記して示すことがあったが、これらも実体間の関連として記録すれば、行為主体の典拠データも含めて、OPACのプログラムで適切な処理を行うことによりさまざまなデータの有機的なつながりを示すことが可能となるはずである。しかしながらそれは従来の目録作業を大きく超える作業となり、目録の入力・管理を行うシステムやOPACに与える影響も非常に大きいため、概念モデルや目録規則は新しくなったものの、現時点ではまだ本格的な実装には至っておらず、今後の動向が期待される段階である。

3 「主題」からのアクセス

　図書館の情報組織化においては，資料のテーマを表す「主題」(subject)からのアクセスをも重視してきた。利用者の情報要求は，目指す資料が明確なものばかりではなく，主題しか明らかでない場合も多い。そうした情報要求にも十分応えないといけないことは，いうまでもない。

> **書架分類**

　主題からのアクセスでまず想起されるのは，背ラベルに分類記号を付して資料を分類配架していることであろう。これを「書架分類」と呼ぶ。同じ主題の資料は1カ所に集められており，またその近隣には類似の主題の資料が配置されているので，開架スペースをブラウジングして（見て回って）資料を探すことができる。

　あまりにも当たり前の図書館の姿だが，その誕生は19世紀後半と，意外に新しい。それまでは受入順や大きさ別の「固定式配架」が一般的であった（主題からのアクセスは目録の役割であった）が，アメリカの公共図書館で開架制が普及するのに伴い，利用者に便利な書架分類が考えられたのである。

　書架分類に用いられる分類法の代表的なものに，メルヴィル・デューイ（第1章用語解説参照）が1876年に発表した「デューイ十進分類法」(DDC)があり，アメリカのみならず世界的に用いられている。日本においては，1929年に初版が出版された「日本十進分類法」(NDC)が館種を問わず広く用いられている。NDCはDDCをもとに森清が作成したもので，戦後は日本図書館協会に

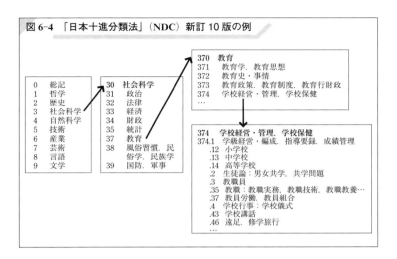

図 6-4 「日本十進分類法」(NDC) 新訂 10 版の例

よって維持管理されており、最新版は 2014 年に刊行された新訂 10 版である。

　NDC の例を図 6-4 に示した。DDC と NDC はともに「十進分類法」で、0〜9 の数字を重ねて主題を細分していく。4 桁め以降は小数点を用いて細分を行っている。なお、「十進」であることは分類法の必須要件ではなく、たとえば国立国会図書館等で用いられている「国立国会図書館分類表」(NDLC) は、アルファベットと数字を組み合わせた記号表現を採用している。

書誌分類と件名：目録上の主題アクセス

　書架分類は主題からのアクセスを手軽に行う手段として欠かせないが、それだけでは十分でない。2 つ以上の主題をもつ資料も 1 つの分類の箇所にしか配架できないことなど、資料現物の配列によって組織化しようとする限り、解決しがたい問題がある。このため、書架分類とは別に、目録における書誌情報にも分類記号を入

力しておくことが行われる(図6-2参照)。これを「**書誌分類**」と呼ぶ。書誌分類は目録上で主題からの検索の手がかりになるものであり,前節で述べた「標目」の一種(分類標目)として位置づけられている。今日普及しているNDC, DDC等の分類法は,書架分類と書誌分類のどちらにも用いられるように設計されている。同じ分類法を用いながら,たとえば2つの主題をもつ資料の場合,書架分類では優先順位のルールを定めて1つの分類記号に絞り込み,書誌分類では2つ付与する(どちらからでも検索できる)といった使い分けを行う。また,書誌分類では桁数が長くなっても精密に分類するが,書架分類では背ラベルが見えにくくならないよう一定の桁数に抑えて簡略化する,といったことも行われる。

さらに,図6-2では分類に加えて,「件名」も入力されている。件名は,より正確には「**件名標目**」(subject heading)といい,主題を語(もしくは複数の語の組合せ)で表現したものである。件名標目は,目録担当者が思い思いに入力するのではなく,「件名標目表」のルールにしたがった入力を行っている。たとえば図6-2で件名標目の見出しにある「BSH」は日本図書館協会が作成している「基本件名標目表」を,「NDLSH」は「国立国会図書館件名標目表」を示し,それぞれのルールにしたがった入力が行われている。

図6-5に,ウェブ上で提供されている「国立国会図書館件名標目表」データの一例を示した。件名法においては,そのルールのもとで用いられる件名標目を辞書のようにリストアップし,付加情報とともに表示する。ここでまず重要なことは,「学習指導」「教科指導」,あるいは「奇術」「手品」「マジック」のように,1つの概念に対して複数の語が用いられる場合に,どれか(NDLSHの場合は「学習指導」「奇術」)を「件名標目」と定めていることである。目録担当者はこれを確かめて,当該テーマの資料には常に「学習指導」

図 6-5 「国立国会図書館件名標目表」(NDLSH)の例

学習指導

詳細情報	グラフィカル表示
ID	00567310
典拠種別 skos:inScheme	普通件名
名称/タイトル xl:prefLabel	学習指導
名称/タイトルのカナ読み ndl:transcription@ja-Kana	ガクシュウシドウ
名称/タイトルのローマ字読み ndl:transcription@ja-Latn	Gakushushido
同義語 xl:altLabel	学習指導法; 教科指導; Teaching
注記 skos:note	初等教育・中等教育における教科指導に使用; 教え方一般には「教授法」(典拠ID: 00985833) を使用; 特定教科の学習指導には各科目名を使用 (例: 国語科; 数学科); 主題区分 (20120207-); 教育の種類による主題区分 (例: 学習指導 -- 初等教育)
上位語 skos:broader	ガイダンス (教育); 教授法
下位語 skos:narrower	習熟度別指導
関連語 skos:related	学習指導要領; 教科; 研究授業; 授業研究; 学業不振児
分類記号 skos:relatedMatch	375.1 (NDC10); 375.1 (NDC9); FC52 (NDLC)

(注)　・件名標目「学習指導」のデータ表示である。
　　　・「同義語」は,標目として採用しなかった参照形を示す。
　　　・「上位語」「下位語」は,当該の件名標目の上位概念・下位概念を表す件名標目を示す。
　　　・「関連語」は,上位・下位概念ではないが関連する件名標目を示す。

(出所)　Web NDL Authorities (国立国会図書館典拠データ検索・提供サービス)。

「奇術」の件名標目を付す。そうしておけば,当該の主題を扱った資料すべてを検索することができる。さらに加えて件名標目表では,関連する件名標目どうしの関係や,複数の語を組み合わせる際のルールなども示されている。

ある主題を扱った資料すべてを検索できるということは,前節で

述べた目録の「集中機能」の一部であり，そのために付与された件名標目は要するに「統一標目」（典拠形アクセス・ポイント）の一種である。すなわち，件名標目表は主題についての「典拠コントロール」を行うためのものである。IFLA LRM 等の概念モデルでは主題を表す概念等も独立した実体と認識され，件名標目の付与は著作の実体（図6-2では「版」を単位とした書誌データに件名標目を付与しているが，主題は本来，知的・芸術的側面を示す著作にかかわるものである）と主題を表す実体との関連と捉えられる。さらにいえば，分類法も，ある主題を扱った資料には同じ分類記号が付与されるのであるから，分類記号は主題を表す統一標目の一種であるといえる。

「統制語」による検索　件名法は一見すると日常使われる語に近い表現をとっているが，じつは使用される語を定めた人工的な体系をあらかじめつくっておき，その範囲内で件名標目を付与していくものである（図6-5をよく見ると，使用法が注記されている）。分類法が人工的な体系によることは，いうまでもない。こうした方式を，「統制語」（controlled vocabulary）による主題検索という。目録以外でも，学術論文のデータベースでは，対象分野の用語および用語間の関係を整理したシソーラス（thesaurus）に基づいて各論文に索引語（目録の件名標目にあたる）を付与することが多い。

統制語による検索システムには，件名標目表，分類表，シソーラス（「統制語彙表」と総称する）の作成・維持と，それを用いて個々の資料に主題標目や索引語を付していく作業の両面で，大変な手間とコストがかかる。

グーグル（Google）に代表される検索エンジンでは，ウェブページの見出しや本文に現れる語からの検索が可能で，何らかの主題

（テーマ）を扱ったウェブページの検索に日常的に用いられている。図書館のOPACでは、通常は資料の本文は検索できないが、タイトル中の単語などからの検索は可能で、一定の主題検索を行うことができる。これらは、ウェブページや資料の作者が自然に用いた語からの検索なので、「自然語」による主題検索という。また、YouTubeなど多くのウェブサービスで、利用者がデータに「タグ」を付して検索に活かすことが行われている。これらのタグはデータ本体とは別に付与されているという点では件名法に似ているが、通常はタグに用いられる語は自由に任されているので、やはり自然語による仕組みである。

　自然語による検索は構築のコストが低いが、集中機能という点では問題がある。つまり、「学習指導」「教科指導」や「奇術」「手品」「マジック」のように複数の用語が考えられる場合、すべて探すにはすべてを検索してみなくてはならない。さらには『猫の大虐殺』のように（フランス社会史の図書である）、主題を端的に表す語がタイトルに現れない場合もある。こうしたことから、図書館目録においては、いまなお分類法や件名法を重要視して、維持している。

★ 用語解説

国際目録原則　1961年、標目の選択と形式に関する原則について、国際的合意が図られた。このときの覚書文書は会議開催地にちなみ「パリ原則」と通称され、長らく尊重された。21世紀に入ってFRBRモデルを反映した見直しが行われ、2009年に新しい「国際目録原則覚書」が作成された。その後IFLA LRMに対応した改訂が行われ、2017年改訂版が最新のものである。

集中機能　ある条件に適合する資料を漏れなく検索できる機能。古くから目録は、特定の資料の有無を確実に検索できる「識別機能」だ

けでなく，著者や主題からの集中機能をも果たすべきだとされてきた。

アクセス・ポイント　　目録において，検索の手がかりとなる情報。カード目録の見出しを原義とする「標目」に代わって，新しい目録原則・規則で用いられている。さまざまなものを含むが，集中機能を果たすための「統制形アクセス・ポイント」がとくに重要である。これは，各実体（個人，主題，著作等）を一意に識別する「典拠形アクセス・ポイント」と，それ以外の別名である「異形アクセス・ポイント」からなる。件名標目と参照形（図 6-5 でいう「同義語」）も，主題に対する典拠形／異形アクセス・ポイントである。

 読書案内

谷口祥一，緑川信之『知識資源のメタデータ 第 2 版』勁草書房，2016。

　「情報資源組織」の語をタイトルに含んだ司書養成教育用の教科書が多数出版されている。この本も教科書を意図しているが，インターネット時代の新しい動向のなかに図書館の目録を位置づけている。

Pat Riva, Patrick Le Bœuf, Maja Žumer（和中幹雄，古川肇訳者代表）『IFLA 図書館参照モデル――書誌情報の概念モデル』樹村房，2019。

　目録の概念モデル IFLA LRM の日本語訳。最近の目録規則を理解し，OPAC の今後を考えるうえで，概念モデルの理解は必須である。なお，英語版（2017）は IFLA のウェブサイトで公開されている。

木村麻衣子編著『「日本目録規則 2018 年版」入門』日本図書館協会，2022。

　FRBR の概念モデルを基盤とする NCR 最新版の解説書。豊富なデータ作成事例を用いて説明されている。なお，NCR2018 年版そのものは，冊子体に加え，日本図書館協会のウェブサイトで PDF 版が公開されている。

第7章 図書館のネットワーク

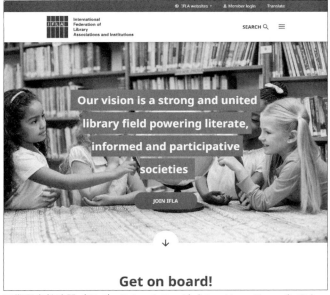

国際図書館連盟(IFLA)のホームページ(https://www.ifla.org/)のトップページ(2024年8月5日参照)

1つの図書館だけですべての利用者の情報ニーズを満たすことはできない。それゆえ図書館は地域や館種を越えて、さまざまな協力関係すなわち図書館ネットワークを構築してきた。その動きは地域から国内、そして国際的な広がりを見せるとともに、情報通信技術の発達によって新たな図書館協力の形が生まれてきている。

1　ネットワークの意義

　最近ニュースで関心をもったテーマをさらに深く調べてみようと思い，近くの書店で本を1冊買った。だが，それには飽き足らずに，その本の巻末に参考文献として示されていた資料をさらに読み込んでみたくなった。そこで，それらの資料がどこで入手できるか調べてみたところ，すでに絶版のもの，一般的な書店では入手できないものも数多い。そんなときどうすればよいか。

　そんなときこそ，図書館の出番である。が，近くの図書館に足を運んでも，欲しい情報資料がその場ですべて手に入るわけではない。資料の種類・形態，量も増大の一途をたどり，利用者のニーズも多様化する一方で，一館の図書館のみでできるサービスには限りがある。図書館は相互に協力してネットワークを張りめぐらすことにより，この限界を乗り越えようと努力を積み重ねてきた。

　実際，図書館どうしの相互協力はすでに19世紀後半から盛んに議論され，実施されており，その対象は幅広く，簡単に他館を利用することができたり，所蔵資料の相互貸借（Inter-Library Loan：ILL。現物資料の相互貸借だけでなく，雑誌の記事論文の複製物の提供を含む）をすることができる，といった面にとどまらない。資料の収集・保存から総合目録，書誌・索引の作成，レファレンスサービスまで，図書館協力はあらゆる面に及んでいる。

　図書館協力の目指すところは，分担収集・保存を越えた，資源共有（resource sharing）でもあるといえる。ここでの「資源」という言葉には，図書館の所蔵する情報資料だけでなく，図書館員の知識・技能，図書館の財源なども含まれる。図書館協力には，さまざ

まな資源を共有して有効活用できる，それによって提供可能なサービスの範囲が拡大する，資源の重複部分が明らかになり，合理化・効率化ができる，専門的知識の共有により図書館サービスの質が向上する，規模の経済によりコスト削減ができる，といった利点がある。図書館どうしが協力関係を維持することにより，複数の図書館の資源を共有・活用し，そこから利用者に対して，1＋1＝2の成果を3にも4にも拡大して提供していくことができる。

なお，図書館協力を表す表現には，図書館ネットワーク，図書館コンソーシアム，図書館共同体など多くの言葉がある。「ネットワーク」という語を用いる場合には，情報通信技術による図書館相互の結びつきを前提としている場合が多いが，本章ではとくに情報通信技術を前提としたものに限定していない。

図書館協力の形には，主に次のようなものがある。

1つめは，公共図書館間，大学図書館間，同じ大学図書館でも国立大学図書館間，私立大学図書館間など，同一館種間の協力関係である。

2つめは，同一地区の異なる館種で連携するケースである。

3つめは，たとえば資料の共同保存，総合目録の形成，協力レファレンスサービスの実施など，目的を同じくする図書館が協力関係を結ぶケースである。

また，これら1～3つめの組合せ（同一地域の同一目的での連携など）もある。最近は，博物館（museum）と図書館（library），そして文書館（archive）との連携，いわゆるMLA連携も進められている。これについては資料のデジタル化との関連が強いので，第8章で扱うことにする。

2　日本の図書館ネットワーク

　日本の図書館協力は，数十年以上にわたり，大きな進展を見せた。その要因は国内の図書館整備が進み，情報通信技術の発達によって，物理的なネットワークの構築が容易になったことがあるだろう。情報通信技術の発展は，のちに述べる総合目録の構築や，協力レファレンスサービスの実現に大きく貢献した。また，もう1つの要因として，個々の図書館の財政的な困難をあげることができる。とくに1990年代以降，限られた財源のなかで，説明責任が問われ，できるだけ多くの利用者に，できるだけ大きな満足を与えることを目指した政策が必要になった。

公共図書館のネットワーク

　まず，1つの地方公共団体内でのネットワークを見てみよう。多くの公立図書館は，中央館と地域館（分館）や分室，移動図書館によって自治体全域に図書館サービスを行き届かせるべくネットワークを形成している。この場合，ネットワークという言葉を用いずにシステムという言葉が用いられることも多い。

　しかし，1つの地方公共団体が設置する図書館システムだけで利用者のニーズをすべて満足させることは難しい。そこで自治体を越えた公立図書館の協力が求められる。公立図書館の協力は，都道府県立図書館と市町村立図書館とをつなぐ縦の関係と，市町村立図書館どうしの横の関係とが主軸になる。

　都道府県立図書館には，市町村立図書館の求めに応じて支援，助言を提供することが求められており，その範囲は，資料の貸出，複

写物の提供，レファレンスサービスの支援から，都道府県内の総合的な図書館政策の計画・立案まで幅広い。一方，都道府県立図書館に与えられている公的資金は必ずしも多くない。たとえば，市区レベルの年間資料費は平均でも3000万円程度あるが，都道府県のなかには2000万円弱の県もある。市町村立図書館への支援を十分提供できるだけの体力があるとはいいがたいケースも見られる。

そのため同時に，域内の市町村立図書館相互の協力関係が必要とされる。近隣の市町村が協定を結び，相互に利用できるようにしているだけでなく，近接する図書館未設置の町村住民の利用を認めることも少なくない。隣接する2つの地方公共団体で協定を結ぶ場合もあるが，京王線沿線7市，多摩北部都市広域行政圏，尾張北部広域行政圏，大阪府10市，阪神間7市1町，といったより広域での協定も，多く見られる。

図書館利用者の行動は必ずしも行政的な圏域と一致するものではない。住んでいる町の図書館よりも通勤や通学の途上にある駅に近い図書館のほうが利用しやすい場合もある。広域での相互利用はもっと進められてよい。

大学図書館のネットワーク

大学図書館（第3章参照）では，大学によっては，同一大学内の図書館ですら，ある学部の利用者が他の学部の図書館を利用するのに，多くの手続きを要して，なかなか現物にたどりつけないこともある。購入された資料も，特定の研究室に所蔵されたまま蔵書目録に掲載されない場合や，たとえ蔵書目録に掲載されて，その存在がわかっていたとしても，相互利用に供されない場合もある。しかしその一方で，公立図書館の場合と同様に，大学の枠を越えて相互に協力関係を結ぶ例も増えてきた。

国立大学では研究者に限られてはいたが，1982年に共通閲覧証によって相互利用できる制度が整えられた。また神奈川県では，学部学生も含めて，県内の大学図書館を相互利用できる制度がいち早く整備された。ただ，多くの協定は残念ながら館内利用にとどまっており，貸出まで可とするものは，私工大懇話会加盟図書館相互利用など一部にとどまる。全体として見れば，大学図書館の相互利用はまだまだ閉鎖的である感が否めない。

　最近では，大学図書館とその所在地の公立図書館とが相互利用協定を結ぶケースも増えている。公立図書館から見れば，手薄な専門資料を補って利用者の幅を広げることができ，大学図書館側から見れば，大学の地域貢献の一環として捉えることができるという，相互にメリットを享受できる関係にあることが後押ししている。

(1) 書誌ユーティリティ

　日本の大学図書館ネットワークの発展に，学術情報センター（現・国立情報学研究所：NII）の果たした役割は大きい。学術情報センターは学術情報の流通体制の改善を目的に1986年に設立された国内唯一の書誌ユーティリティである。書誌ユーティリティとは，オンラインで接続された多数の図書館が分担して共同目録作業を行い，その作業の結果生まれる総合目録を核にして，相互貸借（ILL）などさまざまなサービスを提供するものを指す。

　学術情報センターによって構築された学術情報の全国総合目録NACSIS-CATへの参加機関数は，2024年現在1300を超えており，国内大学図書館のほとんどが，このネットワークに参加している。NACSIS-CATを通じて作成された総合目録は，CiNii Booksを通じて利用者が直接検索することもできる。そこで発見された資料は，図書館を通じて相互貸借を受けることができる（NACSIS-ILL）。郵送での依頼に比べ迅速であることや，図書館間の料金のやりとりを

相互に相殺して，後日まとめて払い込むことで事務作業が軽減されることから，多くの利用がある。

また，大学の場合はとりわけ日本国内の資料にとどまらず，海外資料へのニーズも高い。国際間の資料のやりとりも，図書館が個別に一対一で行うのは面倒が多いし，時間もかかる。会員館に対して1つのインタフェースを通じて，国を超えた効率的なILLを支援するサービスにOCLCのWorldShare Interlibrary Loan (WorldShare ILL) やExLibrisのRapidILLがある。ただしこれに参加するには会費等が必要である。

多くの資料がデジタル化され，インターネットを経由して直接利用可能になっている現在，国や分野による違いはあるが，現物資料の相互貸借や紙での複写物の提供は，限定的なものになりつつある。アメリカでは，デジタル貸出サービスCDL（Controlled Digital Lending）を広域協力組織の加盟館に拡大し，電子媒体でILLを実施しようという試みも見られる。また，学術資料を誰もが自由に利用できるようオープンアクセス化を図る動きも活発化している（いずれも第8章参照）。

(2) 電子ジャーナルとコンソーシアム

大学図書館の協力組織として，近年その重要度を増しているのが，電子ジャーナル（第5章参照）の購入交渉を目的としたものである。

電子ジャーナルは従来の紙に比べて，検索の利便性に大きな魅力がある。また包括契約（ビッグディール）をすれば，所蔵していないジャーナルも検索できる。しかし，紙の雑誌は購読をやめてもバックナンバーは残るが，電子ジャーナルは業者のサーバのなかにコンテンツが搭載され，契約中止になれば過去にさかのぼって利用できなくなる懸念がある。

また電子ジャーナルの価格は出版社主導で決定されることが多く，

Column ⑦ 電子ジャーナルと相互利用

　電子ジャーナルは本文でも述べたように，キーワードで多数の雑誌を一度に検索でき，しかもその本文を画面上ですぐに見られるという点で，非常に便利なツールである。しかし，そう手放しで喜んでもいられない。

　これまで私たちは，自分の大学の図書館にない雑誌論文は，その雑誌を所蔵する図書館で複写して送ってもらっていた。また，所蔵する図書館に出向けばいつでも見ることができた。ところが電子ジャーナルになった途端，利用は契約者のみに限るという。図書館に出向いても，電子ジャーナルにアクセスできる画面はIDとパスワードで厳重に保護されている。プリントアウトしたものを送ってもらうのも禁止。物理的実体がなく無体デジタルコンテンツである。

　日本では，著作権法によって一定の条件のもとで，図書館が利用者にコピーを提供することが認められている。この利用者にはふつう，他の図書館の利用者も含まれ，それによって紙媒体資料の「相互貸借」ILLが成り立っていた。ところが電子ジャーナルは図書館で「所蔵」している資料ではないから，これまでの規定があてはまらないというのだ。気に入らないなら，依頼元の図書館でもその雑誌（電子ジャーナル）の購読契約をせよということなのだろうが，たまにしか利用のない雑誌まですべて契約できるだけの余裕のある図書館がこのご時世にどれだけあるというのか。実際，毎年の値上げと為替変動に耐え切れなくなった図書館のなかには，やむなく一部の電子ジャーナルの契約を解除するところも出てきている。

　アメリカでは，図書館，研究者，出版社の間で作成されたガイドラインに基づいて，電子ファイルでの文献提供が多く行われている。利用者への電子ファイルの直接提供を含んだ著作権法108条改正の動きもある。一方の日本では，プリントアウトしたものなら「相互貸借」を可とするものが増えてきたが，電子ファイルでの提供には少なからぬ額の補償金支払いが求められる。

　もっとも，研究者の間では，自分が必要とする論文の著者に直接e

> メールをして、電子ファイルをメールに添付して送ってもらうという自衛的措置をとる者が少なくない。
>
> 　電子ジャーナルは便利でもあり、不便でもある。

大学図書館財政を圧迫し続けている。とくに中小規模の図書館の場合、購入規模が小さいため出版社に対して強い姿勢で価格交渉を行えない。そこで、図書館とその利用者にとって有益な条件での共同購入を目的とした協力組織が必要とされるようになった。これをとくにコンソーシアム★と呼ぶ。

　日本においては、それまで国立大学、公私立大学で別々に組織されていたコンソーシアム間で協定が結ばれ、2011年、大学図書館コンソーシアム連合（Japan Alliance of University Library Consortia for E-Resources：JUSTICE）が誕生した。JUSTICEは、単に電子ジャーナルの契約交渉にとどまらず、今後電子リソースの整備・管理、コンテンツの買い切り、長期保存とアクセス提供に関する総合ユーティリティを目指すものとして期待されている。

国立国会図書館の役割

　書誌ユーティリティが自らは蔵書をもたず、参加機関に環境を提供して協力組織を構築しているのに対して、国立国会図書館（第Ⅲ部扉裏写真参照）はわが国の唯一の法定納本図書館であることから、日本最大の4700万点を誇る蔵書を背景に強力なサービスを提供している。

　国立国会図書館の役割は、「国会の立法機能を補佐すること」「行政・司法部門に図書館サービスを提供すること」「日本国民に図書館サービスを提供すること」である。なかでも3つめの役割については、豊富な蔵書を背景に、日本のどこにいようとも誰であっても、あらゆる情報を入手できることを目指し、国内資源共有のラストリ

ゾート（最後の拠りどころ）としての役割が期待されている。そのため，全国書誌の作成・提供や全国総合目録ネットワークの構築によって，国内出版物の入手を容易にするための取組みを行っている。

　国立国会図書館の方針の1つに，「国内外の機関との協力」があるが，それは「国の中央図書館」としての役割にほかならない。他館にない資料の提供，電子的な知識・情報基盤の確立，専門スキルの共有・提供などにおいて，国立国会図書館は重要な役割を果たすことが求められる。国立国会図書館に関しても今後注目されるのは電子的な知識・情報基盤の確立であるが，これについては第8章で述べる。

3　欧米のネットワーク

　ここでは，英米における相互貸借（ILL）にかかわるネットワークを中心に，その特徴を概観する。

イギリスの公共図書館網

　イギリスでは，主として広域行政組織が公共図書館の運営母体となって，その域内で中央図書館，分館，移動図書館のネットワークが構築されている。

　イギリスで図書館協力の必要性は早くから認識されていた。公共図書館の協力組織の構築に大きな影響を与えたのは，1927年に公表された『イングランドとウェールズの公共図書館に関する報告書』（通称「ケニヨンレポート」）であった。この報告書が契機となって，1931年に全国中央図書館（NCL）が誕生した。1930年代には，イギリス全体を8つの地域に分け，その地域ごとに地域図書館局を

置いて,地域内で資料要求を充足できない場合にNCLを最後の拠りどころとして利用するシステムが構築されていった。しかし結果として,ロンドンおよび南東地区のLASER (London and South Eastern Library Region) 以外は,のちに述べる英国図書館のサービスに依存する割合が高いことが報告されており,専門図書館等の参加が少なかったことも影響して,必ずしもうまく機能していなかったようである。

英国図書館の役割

1972年の英国図書館法に基づき,それまで分散していた5つの国立図書館が再編されて,英国図書館 (British Library:BL) が誕生した。英国図書館が資料提供において世界から熱い視線を浴びたのは,ロンドンからは遠く離れたボストン・スパの文献提供センター (British Library Document Supply Centre:BLDSC) の成功が大きかった。

BLDSCの名称は1985年の改組以降のものであり,それ以前は貸出局と呼ばれていた。貸出局の前身は,1962年に開設された国立科学技術貸出図書館 (National Lending Library for Science and Technology:NLL) であった。第2次世界大戦後の冷戦期,科学技術情報の提供環境の整備はイギリスにおいても急務とされた。参加館が協力体を組織して相互に貸借する仕組みではなく,NLLが集中的にサービスを提供するという仕組みが採用されたのは,そのほうが全体として効率的であると考えられたためであった。

国内どこからでも,資料要求があってから48時間以内に届けられることをうたったBLDSCのサービスは大成功を収め,資料要求は年々増加した。1970年には年間100万件であった資料要求は,2000年には400万件に達し,海外からのリクエストも多かった。こうしてBLDSCは国内の相互貸借サービスの支柱としての役割を果

英国図書館
(出所) Wikimedia Commons.

たしてきた。それは国内にとどまらず、海外にも開かれている。かつては、英語の文献なら日本国内の図書館に依頼するよりも、BLDSC に依頼したほうが迅速に入手できるという噂がまことしやかに囁かれるほどであった。このように、BLDSC の文献提供体制は国内外から高く評価されてきた。

『市民のネットワーク』以後のイギリス

インターネットが一般に普及し始めた 1990 年代の半ば、イギリス政府の図書館情報政策に関する委員会は、この新しい情報通信技術が将来の公共図書館に大きな影響を与えることになると確信し、公共図書館が相互に接続して、イギリスのすべての人々に「知識、構想力、学習のための資源」を届けることが重要であるとの見解を示し、提言を行った。この報告書が『新しい図書館――市民のネットワーク』(New Library: The People's Network) である。各地域内で図書館が相互接続されることはもちろん、それら地域間のネットワークも不可欠とされた。

各図書館はネットワークに接続はされたものの，図書館間の資料提供に際しては，個々にメールや紙でやりとりする状況が続いており，非効率なものだった。イギリスの図書館間で全国規模の資源共有を実現することを目的とした協力組織にTCR（The Combined Regions）がある。TCRは，1995年頃からCD形態で総合目録を作成し，2001年からはそのデータをウェブ上で参加館に提供していたが，2006年に世界最大の書誌ユーティリティであるOCLC（第4節で詳述）と協定を結んで，相互貸借と連動した総合目録サービスUnityUKの運用を開始した。これにより，2010年からはOCLCの提供するWorldCat上で，場所をイギリスに絞り込んだ蔵書検索も可能となった（この協定は2024年6月をもって解消された。OCLCはWorldShare ILLの利用を促している）。

アメリカの公共図書館網

　アメリカでは，州ごとに公共図書館の設置や運営についての法制度が異なる。州内の図書館協力の形は，市町村立図書館の自治体内部の全域ネットワーク，郡の図書館と市町村立図書館間のネットワーク，州全域のネットワークなど，多様である。

　図書館協力に関して，1919年にはすでにアメリカ図書館協会（ALA）によって資源共有に関する規則が採択されているから，イギリス同様，歴史は古い。地域ネットワークの早い例としては，1936年，フィラデルフィアの図書館総合目録から始まったPALINETがある（PALINETは2009年，アメリカ南東部の図書館ネットワーク〔SOLINET〕と合併して，LYRASISと改称した）。1966年に図書館サービス建設法（Library Services and Construction Act）が改正され，図書館間協力を促進する条項が盛り込まれると，多くの州が図書館ネットワークの構築に乗り出した。その後，州際のネットワークや，

館種を越えたネットワークも生まれていった。

公共図書館の相互賃借件数は，2004年から2009年の間に，借受，貸出のいずれも約3000万件から6000万件に倍増している。OCLCも含めて何らかの図書館協力プログラムに参加しているかどうかに関しては，2004年も2009年も約75％であまり変化はない。つまり図書館が新たに協力組織に加盟するようになって，相互貸借件数が増えたというよりも，これまで協力組織に入っていた図書館間での資料のやりとりが増えたと見るべきだろう。

現在，こうした図書館ネットワークは，相互貸借だけでなく，電子ジャーナル等の共同購入の窓口としての役割も果たすようになってきている。

アメリカ連邦議会図書館の役割

アメリカ連邦議会図書館（Library of Congress : LC）は470言語からなる1億7500万件もの蔵書規模を誇る，世界最大級の国立図書館である。目録レコードの提供，資料保存，電子図書館の構築など多くの分野で世界の図書館と協力関係を築き，多大な貢献をしているが，現物資料の貸借や複写提供などの国際的な相互貸借については，英国図書館に比べ，必ずしも積極的ではない。英国図書館の文献提供センターであるBLDSCが成功を収めた際，アメリカ国内にも同様の集中処理機関を設置すべきではないかと議論を呼んだが，実現しなかった。

アメリカにおいては，相互貸借は，連邦議会図書館よりもむしろOCLCなどの学術機関のネットワークが主要な役割を果たしている。

アメリカの大学図書館

アメリカの大学図書館では，1970年代に，のちに述べるOCLCをはじめとして，

アメリカ連邦議会図書館
(出所) Library of Congress, LC-DIG-highsm-12559.

WLN (Western Library Network, のちに Washington Library Network) や RLIN (Research Libraries Information Network) など地域ごとの書誌ユーティリティが発展し，学術情報の共有に大きな役割を果たした。しかし，OCLC が単なる書誌ユーティリティから多角的な情報サービス機関へと脱皮し，規模を拡大していったのとは対照的に，RLIN や WLN の動きは鈍く，やがて OCLC に統合されていった。

また書誌ユーティリティを中心とした協力関係が構築されるはるか以前，1940年代には，外国資料の収集に関する協力計画もあった。ファーミントンプラン (Farmington Plan) である。これは大学図書館間で地域や国，主題によって収集範囲を分担し，海外の学術資料を網羅的に収集しようという計画であった。その背景には，第2次世界大戦によって外国資料が入手しにくくなっていたことがあった。その後，アメリカの国際的地位が高まるにつれて地域研究の重要度が増すと，外国資料の網羅的収集はある種の国策となっていった。のちに LC によってより大規模な収集計画「全米収書目録計画★」(National Program for Acquisitions and Cataloging：**NPAC**) が開始

されるようになり，ファーミントンプランは1972年にその役割を終えた。

共同の保存図書館も早くから計画された。出版物の増加に伴う書庫の不足は個々の図書館にとって頭の痛い問題である。この問題を解決するため，1949年，シカゴ大学，イリノイ大学，ミネソタ大学など中西部の大学が集まって，MILC（Midwest Inter-Library Center：中西部図書館協力センター）を組織し，利用頻度の少ない資料を共同で保管するための書庫が建設された。MILCはその後，対象地域を全米（その後アメリカ国外にも）に拡大するとともに，活動範囲も単なる不要資料の保管だけでなく，分担収集にも広げ，CRL（Center for Research Libraries：研究図書館センター）と改称して現在に至っている。

2000年代に入って，電子媒体の利用はいっそう進み，印刷資料の利用頻度は以前に増して低下するようになった。電子ジャーナル等で利用可能な印刷資料を，参加機関が期限を定めて分担保管する「印刷資料共有計画」（Shared Print Program）も複数進められている。

北欧のネットワーク

北欧諸国はその歴史的，文化的，政治的背景から国家間の連携が密で，図書館どうしの国を越えた協力体制は早くから構築されてきた。なかでも特筆すべきは，1956年に開始されたスカンディアプラン（Scandia Plan）である。デンマーク，フィンランド，ノルウェー，スウェーデンの大学図書館は，それぞれの館が収集している特徴的な蔵書群を活かし，学術資料を分担収集し，相互利用することを計画，実行した。

これらの国々はイギリス，ロシア，ドイツといった政治的にも言語や文化の面でも大きな影響力のある大国を近くにもち，自国の文化を守ることを常に意識せざるをえない環境下にある。そのことは

公共貸与権制度の早期導入にも現れている。

　北欧諸国の連携は学術資料の収集だけにとどまらず，館種を越えて行われている。驚くべきことに，スウェーデン，ノルウェー，フィンランド，デンマーク，アイスランド，グリーンランドの間では，自国内の他の図書館に所蔵されていない資料の貸借も原則として無料である。

4 国際的なネットワーク

> **国際図書館連盟（IFLA）**

　国際的な図書館協力も早くから進められてきた。1930年代にはすでに，イギリスとドイツの国立図書館の間で相互貸借（ILL）の協定が結ばれていた。こうした動きを背景に，1927年に誕生した国際図書館連盟（International Federation of Library Associations and Institutions：**IFLA**）を中心に，国際的な相互貸借のための基盤整備が進められ，1936年には国際的な相互貸借のためのガイドラインが発表された。

　IFLAは図書館のあらゆる活動について国際規模で相互協力することを目的に設立された，各国の図書館協会および図書館などをメンバーとする国際機関である（本部はオランダのハーグ）。その活動のなかでも，1974年に開始されたUAP（Universal Availability of Publication）プログラムは，世界中の出版物がどこにいても入手できるようにすることを目的とするもので，出版物の相互貸借や交換を促進する活動の世界的展開に大きな役割を果たした。

　UAPプログラムのなかで実現した仕組みの1つに，国際的な相互貸借のための共通送金方式であるIFLAバウチャー制度がある。

第7章　図書館のネットワーク　135

外国から書籍の貸出・複写サービスを受ける場合,しばしばその料金を相手側に支払う必要が生じる。外国に送金をするには,少額のコピー代の場合などには,実費のほかに実費よりも大きな手数料が発生したり,その手続きが面倒であったりする。こうした問題を解消するため,現金の代わりにバウチャーと呼ばれる引換券を使う方法が考案され,多くの国で利用されてきた。

また,UAP と同時にスタートした UBC (Universal Bibliographic Control) プログラムも,UAP と車の両輪としての役割を果たすものであった。出版物を入手するためには,それがどの図書館に所蔵されているかが知られていなければならない。それに欠かせないのが世界書誌,すなわち世界中のどこにどのような出版物があるかを知ることのできる目録である。しかし,世界書誌を一機関で集中的に作成することは難しい。そこで,UBC プログラムでは各国がその国の全国書誌を作成,公開,相互に交換することによって,仮想的に世界書誌を構築しようとした。全国書誌の作成ガイドラインや,書誌情報の交換を容易にするための標準化の推進などを目的として,UAP プログラムと同じ 1974 年,UBC プログラムが開始された。この2つのプログラムは,世界中の出版物の入手を容易にするのに大きな役割を果たしてきた。その後国際図書館連盟は,戦略的にとくに力を入れるコアプログラムからこの2つを外しはしたが,国際的な相互貸借の枠組み提供や,書誌情報の標準化に関する活動に積極的に関与し大きな役割を果たしていることは,現在も変わりない。

OCLC

OCLC (Online Computer Library Center, なお発足当初は Ohio College Library Center) は 1967 年にオハイオ州の大学図書館の協力組織として発足した書誌ユーティリティである。コンピュータネットワークによって図書館

間を結んで共同作成される総合目録のデータを核に,さまざまなサービスが提供されてきた。1970年代の半ばには,相互貸借システムを導入して参加館の間の相互貸借を大幅に効率化したほか,オハイオ州外の図書館も参加できるようになった。参加館の範囲はその後も拡大し続け,いまやアメリカのみならず,欧州,アジア,南米,中近東にもサービス拠点を置き,2012年には,170カ国,7万2000館が加盟する世界最大の書誌ユーティリティに成長した。OCLCを通じた資料要求は世界中で5秒に1回行われており,OCLCなくして,図書館サービスは成り立たないといっても過言ではないだろう。

相互貸借においては通常,図書館間で資料のやりとりを行い,図書館利用者は依頼をした図書館まで資料を取りに行く必要がある。しかし,OCLCは2012年,WorldCat Resource Sharingと呼ばれるオンラインの相互貸借サービスを通じて,資料を利用者の自宅まで届けるサービスを開始すると発表した。現在このサービスはWorld Shareと呼ばれ,電子ファイルの配送(ダウンロード)にも対応している。

図書館へのサービス提供のみならず,図書館利用者への直接サービスも含めて次々と新しいサービスを展開し,成長し続けているOCLCであるが,営利部門を取り入れて肥大化する最近の姿に対しては,当初の理念を忘れているのではないかとの批判的な意見も聞かれる。

大規模館の不満　ここまでさまざまな形の図書館ネットワークを見てきた。いずれも美しい協力関係の世界が構築されているように見える。しかし,そこには問題も多い。

たとえばみんなで協力しようと集まると，そこにはえてして最小の努力で最大の利益を得たいと考える者が現れる。図書館間協力においても同様で，メリットの大きな館とデメリットの大きな館が生まれる。たとえば文献複写を考えてみよう。一般に，小さな図書館は複写依頼を受けつけるよりも，依頼するほうが多くなるだろう。逆に大きな図書館は，受けつけることが圧倒的に多くなる。複写すれば，紙やトナーを消費し，何よりも人手がかかり，時間がかかる。依頼が多くなれば，そのための作業をする場所も新たに必要になるかもしれない。コピー代をそれほどは徴収できないから，結局は図書館の持ち出しになる。そんなことなら，協力組織などに入らないほうがまし，と考えても不思議ではない。実際，アメリカ連邦議会図書館が当初，国際相互貸借に非協力的であったのも，それが原因といわれている。

　大規模館のもつ不公平感をいかにして軽減するかは，図書館協力を長く維持していくうえで避けては通れない課題の1つである。

　協力組織でもう1つ問題になるのが，その経済性である。集中と分散，どちらが経済的メリットが大きいだろうか。イギリスでは，BLDSCの設立時にこの問題が検討されている。それによれば，いくつかの大きな図書館が分散して資料を収集，提供しようとすれば，それぞれの図書館に閲覧場所や利用担当のスタッフを配置しなければならない。すると，どうしてもよく利用される資料は重複して所蔵しなければならなくなり，非効率的である。さらに，複数の図書館をうまく調整する中央館が必要になるが，ここにも多くのリソースを割かなければならない。協力組織には常にこのような非効率性がつきまとっている。

　一方で，行政スタイルその他の事情は国によって異なる。すべての国がBLDSCのような集中処理機関をもてるわけではないことも

また事実である。

　紙資料を中心としたアナログな伝統型図書館がまったく姿を消してしまうことはないだろうが，多くの資料がデジタル形態で発行され，アナログ資料が大量にデジタル化されている今日，*Column* ⑦に示したように図書館協力もまた変革期にある。電子情報資源をウェブを通して収集，保存，提供する時代の図書館協力の形については，次章でとりあげる。

★ 用 語 解 説

コンソーシアム　　もともとは協力組織を表す用語の1つであるが，現在は，図書館が価格が高騰する電子ジャーナルの契約を有利に進めるために結成した協力組織を指すことが多い。1997年には，こうした図書館コンソーシアムの間の情報交換を目的とした国際組織 ICOLC（International Coalision of Library Consortia）も発足した。

全米収書目録計画（NPAC）　　1965年の高等教育法に基づいて，世界の価値ある学術出版物をアメリカ連邦議会図書館に網羅的に収集させ，その目録を作成して全国書誌として提供する計画が発足し，予算が計上された。世界中からの出版物の収集には，ロンドン，東京，ナイロビなど世界9カ国に地域センターが置かれた。受入資料の総点数は100万点を超えたが，やがて全国書誌作成の遅れが目立つようになり，1982年に事業の幕を閉じた。

 読 書 案 内

原田勝『図書館／情報ネットワーク論』勁草書房，1990。
　図書館のネットワークからより広範な情報流通ネットワークの構築を目指し，技術面，制度面の課題について多面的に論じた書。いま読んでも古くない。

日本図書館学会研究委員会編『図書館ネットワークの現状と課題』論集・図書館学研究の歩み 第11集，日外アソシエーツ，1991。

　図書館ネットワークをめぐる諸課題の分析からさまざまな問題を提起。日本および英米の図書館協力について1980年代までの状況も概観できる。

英国図書館情報委員会情報技術ワーキング・グループ（永田治樹，小林真理，佐藤義則，増田元訳）『新しい図書館――市民のネットワーク』日本図書館協会，2001。

　情報通信社会においてイギリスの公共図書館が果たすべき役割を問い直した報告書の日本語訳。

藤野幸雄『アメリカ議会図書館――世界最大の情報センター』中公新書，中央公論社，1998。

　アメリカ連邦議会図書館の創設期からの歴史をたどる。議会図書館の発展を通して，アメリカ社会の変化も垣間見える。

引用・参考文献

高鷲忠美，岩下康夫「全米収書目録計画（NPAC）――誕生から終焉，そして再生へ」『日本図書館学会年報』37（2），pp. 78-87，1991。

マグヌスセン矢部直美「北欧の図書館ネットワーク」『情報管理』54（12），pp. 848-852，2012。

Goldner, M. & Birch, K. Resource sharing in a cloud computing age. *Interlending & Document Supply*, 40（1），pp. 4-11, 2012.

Kittel, D. A. Trends in State Library Cooperation. *Library Trends*. pp. 245-255, 1975.

《ウェブページ》

"British Library document supply history"

IFLA

Institute of Education Sciences, National Center for Education Statistics "Public Libraries in the United States：Fiscal Year 2004"（August 2006）

Institute of Museum and Library Services "Public Libraries in the United States：Fiscal Year 2009"（October, 2011）

Library of Congress, LC-DIG-highsm-12559 アメリカ連邦議会図書館ホームページより。

イギリス政府ポータルサイト

第8章 電子書籍時代の図書館

迷宮へ入るテセウスに糸玉を差し出すアリアドネ
(© The Trustees of the British Museum)

　多くの情報が最初から電子的な形態で生み出され、ネットワークを介して利用されるようになった。人々はスマートフォン等を用いて手軽に必要とする情報を入手し、思うように発信するようになっている。相変わらず書店に山積みされている紙の書籍として出版された作品のなかにも、近年では電子書籍として販売・レンタルされるものも現れてきた。このような時代に、図書館はどのような機能を発揮し、いかなる役割を果たしていくのだろうか。

『令和6年版　情報通信白書』によれば，モバイル端末の世帯保有率はすでに97％を超え，とりわけスマートフォンの普及は急速な伸びを見せている。老若男女を問わず，電車のなかでスマートフォンを使ってゲームやSNSをしたり，動画を見ている人を多く見かけるようになった。こういった機器に慣れ親しんだ若い世代では，何かを調べようと思ったとき，紙の辞書や百科事典を使う人よりも，スマートフォンやパソコンで検索エンジンにアクセスし，まずは検索ボックスにキーワードを入れているという人が多数派であろう。最近では検索すらせず，SNSから得られる情報で事足りるとしたり，生成AIに質問を投げかけて回答を得るという行動も見られる。また，生成AIを調べものに利用することに前向きな層が約7割とする調査もある。

　最初から電子的な形態で生み出される情報は日々増加の一途をたどり，それらの多くはウェブを通して利用される。利用する側は目の前を流れていく情報を十分に吟味する暇もないままに消費し，また新たな情報にさらされ，かつ囲い込まれ，一喜一憂，右往左往させられている。真偽不確かな情報を見かけた際に，それを吟味せず良かれと思ってSNS等で拡散してしまう人も後を絶たない。そんな情報をもう一度見たい，検証したいと思っても，いつの間にかアクセスできなくなり，あっという間に情報の海のなかに沈み，消え去っていく。検索エンジンで上位に位置づけられない深層ウェブに沈んだ情報は，まるでなかったかのごとくに扱われる。

　このようなユビキタスの電子情報の時代，図書館には何が求められているのだろうか。

1 電子図書館の発達

　新しい発明や革新的技術は，従来，テキスト，音声，画像などについて個別のメディアで対応してきたが，一元的・統合的に表現できるマルチメディアデジタルコンテンツの時代を生み出した。しかも，大した費用もかけずに，誰もが容易にマルチメディアデジタルコンテンツを作成し，情報発信できる。そのような文脈の進展のなかで，人間の壮大な叡智の記録を保管し続けてきた図書館は，コンピュータと出会うことによって，電子図書館という新たな夢を描いていった。

　電子図書館という言葉には，一義的な定義というものは見当たらない。あらゆる情報資料が電子化されて保管されており，書誌データだけでなくテキストの全文をネットワーク経由で検索することができる。ヒットしたものが画面に現れると，そこからリンクをたどって別の情報にもアクセスすることができる。必要であればデータを自分の手元にダウンロードすることもできる。コピープロテクションが施されていなければ手元にとどめていつでも利用できるし，DRM（デジタル著作権管理）が付加された**電子書籍**（第3章用語解説参照）の場合でも，一定期間の貸出を受けることができる。レファレンスサービスにおいてもその質問は，ウェブを介して，eメールで，あるいはチャットなどを利用し，司書に尋ねることもできる。オンライン，リアルタイムのデジタルレファレンスサービスも技術的には可能である。電子図書館という概念は，おおむねこのようなイメージで捉えられていると思われる。

　ちなみに，図書館資料と情報検索の電子化にとどまらず，エキス

パート図書館員の電子化，ロボット化，すなわち図書館司書ロボットの研究も，一部では進められている。

電子図書館の源流

アメリカの著名な科学者であったヴァネヴァー・ブッシュ（Vannevar Bush, 1890-1974）は，1946年に，「われわれが考えるように」("As We May Think")というタイトルの論文を発表した。そこで提案されたメメックス（Memex）という個人文書管理システムは，マイクロフィルムで保存した文書のなかから必要な文書を自動的に取り出すことができ，さらに2つの文書を索引によって関連づけることが可能なものだった。この「関連づけ」と，あらゆる文書を自動的に取り出して，画面上に表示させて読むというアイデアは，電子図書館に1つのモデルを提供した。

メメックスの「関連づけ」をコンピュータを使って実現しようとしたのが，テッド・ネルソン（本名はTheodor Holm Nelson）のザナドゥー（Xanadu）である。1960年代に発表されたザナドゥーは，文字，画像，音をはじめとするあらゆる媒体を世界規模で保有し，関連づけ，ネットワーク化しようとした点が，のちの電子図書館へとつながっていった。

メメックスとザナドゥーに共通する文書間の関連づけ，すなわち「ハイパーテキスト」のアイディアはその後いくつかの形で実装されるが，最も成功したのがティム・バーナーズ－リー（本名はTimothy John Berners-Lee）のワールドワイドウェブ（World Wide Web：WWW）である。コンピュータとネットワーク技術の発展，とりわけこのWWWの登場は，それまで非現実的なものとしか思えなかった電子図書館を一挙に手の届くものに変えた点で，大きな意味をもつものであった。

Column ⑧　アリアドネ

　アメリカ連邦議会図書館でアメリカンメモリーが公開されたのと同じ頃，日本でも意欲的な電子図書館構想が発表された。それが「アリアドネ」である。アリアドネはギリシア神話に登場する女神で，怪物退治に迷宮へ入る恋人に，脱出用の道しるべとして糸玉を与えたことで知られる（本章扉写真（上）参照）。蜘蛛の巣のように張りめぐらされたウェブの迷宮を，迷わずに目的の文書をリンクの糸をたどって見つけ出すことのできる電子図書館を象徴して名づけられた。

　1990年代のはじめから，長尾真や原田勝らの研究グループが電子図書館アリアドネを試作し，1994年にデモンストレーションを行った。日本でインターネットが普及するのは1990年代の半ば頃からであったので，アリアドネはネットワークには接続されておらず，スタンドアロンではあったが，単に電子化された資料を閲覧するだけにとどまらず，書物の解体と新しい読書の形も合わせたプロトタイプを提案し，のちの電子図書館プロジェクトに多大な影響を与えた。

初期の電子図書館モデルとその展開

　WWW が登場した 1990 年代中頃，アメリカ連邦議会図書館が作成したアメリカンメモリー（American Memory）は，デジタル化された資料を WWW で発信するという初期電子図書館のモデルとして広く注目された。当時，多くの人々はこれにより，電子図書館の具体的なイメージを抱くことができた。同じ頃，「プロジェクトグーテンベルク」や「青空文庫」のように，図書館ではなく個々人のボランタリーな活動により著作権の消滅した作品を電子化し，インターネット上に公開する試みもスタートした。現在の電子書籍サービスにおいて，これらの作品群は重要な資源となっている。

　その後，グーグル（Google）をはじめとする検索エンジンが登場すると，ウェブ全体が大きな電子図書館であるという主張も現れる

ようになった。それと同時に「伝統的な図書館は不要になるのではないか」という悲観的な未来像も語られた。

しかし，ウェブ上に情報が増大するにつれて，検索エンジンにも限界が見え始めた。深層ウェブなどの検索エンジンで見つけられないページがたくさんあることが明らかになったのである。また，一覧表示されるページの順位を決定する仕組みが公開されておらず，上位にランクされる情報が本当に最適な情報なのかどうか確認する手段がないことも問題視された。さらには一度見つかったウェブ上の情報も，すぐに行方不明になってリンク切れになってしまう問題も浮上した。

同時に，電子図書館という夢に対する図書館の内外からの熱狂と，それによって従来の図書館の役割が縮小していくのではないかという懸念に対して，「場としての図書館」の役割は決して減じるものではないと警鐘を鳴らす者も現れた。物理的な図書館施設は空間を提供するだけではなく，コミュニティの文化的な交流基盤であることが認識されるようになったのである。

今後，電子的な資料がどれだけ増えていったとしても，過去から受け継ぐアナログの資料がすべてなくなってしまうことは考えられないし，それらをにわかに電子化することも不可能である。利用者にとって重要なのは，必要な資料や情報が望む形で手に入るかどうかである。ある人は図書館という場に出向いて行って，そこで読みたいと思うかもしれないし，またある人はその場に行かずして携帯機器，情報端末で読みたいと思うかもしれない。現在では，電子図書館か伝統的な図書館かという二者択一，二項対立の時代は終わり，利用者に伝統的図書館と電子図書館とのつなぎ目を感じさせない，シームレスでハイブリッドな図書館情報環境の構築が求められるようになっている。

2　電子書籍時代の図書館

　いま,書籍も写真も音楽も映像もあらゆるものがデジタル化されて,ウェブを通じて情報共有,情報交換されうる時代になった。有形・無形の商品の販売とサービスの提供がウェブを介して行われる。何もかもがウェブに流入し,そして提供されていく。情報資料もサービスも利用者もすべてがウェブでつながる時代。これからの図書館情報環境の構築においても,ウェブはさまざまな業務やサービスの重要な核となるであろう。図書館にはいま,所蔵資料の電子化やインターネット情報資源の収集・保存といった活動を通じて,ウェブをより豊かな信頼のおける空間にすることが求められている。

情報資料の電子化　　所蔵資料を電子化し,ネットワークを通じて公開するには,著作権の消滅したものを除き,複製権と公衆送信権について著作権者の許諾を得ることが必要である。そこで,初期のプロジェクトでは,古典資料が大半を占める貴重書コレクションが対象にされることが多かった。こうした資料群は図書館展示資料を電子化したものにすぎず,一般利用と結びつかないことから「電子紙芝居」と揶揄されることもあったが,電子図書館のイメージやそれを実現する環境の乏しかった時代において,電子化における課題を浮かび上がらせる役割を果たした。

　日本国内では,その後,岡山県の「デジタル岡山大百科」のように学校教育での利用と結びついたもの,神戸大学附属図書館の震災文庫のように震災関連の調査研究に資したものなど,教育上・研究上の具体的な「利用」を想定した電子化も試みられるようになって

いった。

　しかし，図書館での電子化プロジェクトの多くは，依然として限られた範囲での蝸牛(かぎゅう)の歩みであった。そんな図書館界を尻目に，一気に図書館蔵書の電子化を進めようとしたのがグーグルであった。2005年，グーグルが発表した1つのプロジェクトが世界の図書館界や出版界に大きな衝撃を与えた。現在のグーグルブックス★（Google Books）の前身にあたるグーグルプリント（Google Print）である。これをきっかけとして，図書館が中心となって資料を電子化する計画も加速化した。2009年の著作権法改正によって，国立国会図書館にのみ「利用のためのデジタル化」が認められて実現した大量デジタル化もその1つである。

　学術資料に関しては，とくに欧米で，電子ジャーナルや電子書籍での提供が進んでいる。それらを図書館の資料として提供するにあたっての課題は第7章ですでに述べた。しかし，電子化の進みの遅い分野や言語圏も存在する一方で，直近の研究成果が雑誌や書籍になるのには時間がかかるし，ごく限られた範囲でしか流通しない資料もある。このようななかで大学等の機関リポジトリは，所属研究者の論文や，実験データ，講義の教材などを電子化して公開する仕組みとして，ウェブ上で利用可能な一次情報の厚みを増す役割を担っている（第5章も参照）。世界の主要な大学にとどまらず，国内でも800超の大学等が機関リポジトリを整備している。国内の機関リポジトリのインターネット上の総合窓口が，国立情報学研究所の提供する学術機関リポジトリデータベース IRDB である。

電子資料の収集

図書館が所蔵する紙媒体資料を電子化する計画が進められる一方，作成された当初から電子形態をとるボーンデジタル資料が増加し続けている。英国

図書館はかつて，2020年までに世界の出版物の75%がボーンデジタルになると予測した。日本でも2010年，アマゾンのキンドルやアップルのiPadといった携帯読書端末がブームを呼び起こし，何度めかの「電子書籍元年」に沸いた。当初日本語で読めるのは「青空文庫」くらいと一笑に付されていた電子書籍だったが，その後急速にタイトル数を伸ばし，コロナ禍を経て電子書籍を提供する図書館も増えてきた。しかし電子資料の多くは，ウェブサイトを含め，日々生まれもするが，容易に消え去りうる。

自国の出版物は法定納本制度（第3章用語解説参照）によって，基本的には国立図書館がその収集に責任を負う。日本の場合には国立国会図書館法により出版者に国立国会図書館へのすべての出版物の納入が義務づけられ，その対象範囲は法改正によって電子出版物にも広げられてきた。現在，パッケージ形態の資料（CD-ROMやDVDなど）と官公庁等のネットワーク系資料（ウェブサイトなど），民間のオンライン資料（電子書籍や電子雑誌）の一部が収集されている。ウェブサイトを収集し，保存することをウェブアーカイビング★という。ウェブサイトに関する扱いは国によって異なり，国内の全サイトを一括収集する国もあれば，選択的に収集する国もある。日本では現時点では後者の方法がとられているが，選択の範囲を広げていくことが望まれる。

電子資料の保存

いったん図書館に情報資料が収集されてしまえばそれで安心かといえば，そんなことはない。情報資料が永久不滅でないことは，電子資料も紙媒体と同様である。むしろ千年以上もちこたえてきた紙よりも脆弱かもしれない。ハードやソフトの再生手段がなくなってしまったり，媒体自体が傷ついたり経年劣化してしまったりすれば，それらはただの

空箱でしかなくなってしまう。図書館によって対象となる資料の範囲や程度は違ってくるだろうが，媒体を新しいものに変換したり，旧式の環境を新しい再生装置に移植するなど，長期的な保存を想定した計画を立てて実施することも，面倒ではあるが図書館の重要な責務といえる。

　必要な電子資料を収集して，再生手段を確保し保存しておけばそれでよいかというと，それだけでもやはり十分ではない。収集した資料には標準的な枠組みに基づいたメタデータを与え，必要なときに最適な形で効率的に提供できるよう組織化しておく必要がある。

電子資料の提供

　電子資料に関しては図書館のサービスもまた多くがウェブを介して行われる。電子資料を必要とするときに，図書館ごとにそのホームページに備えられている検索窓にキーワードを入れるのは効率が悪い。できれば1回きりの入力ですませたい。こうしたニーズに応えるのがポータルサイトである。たとえば国立国会図書館のNDLサーチは，1つの窓から国立国会図書館の電子資料や2次情報のほか，他の図書館の電子資料や青空文庫のデータなどをまとめて横断的に検索することができる点で，代表的なポータルサイトの1つである。

　かつての携帯電話は画面が小さく，図書館が提供するような電子資料を見るのには使いづらかった。だが，スマートフォンや携帯型の各種タブレットといった汎用性があり，使い勝手のよいモバイル機器の普及は，電子図書館に新たな可能性を開くかもしれない。もちろん，そこには大量のコンテンツと使い勝手のよいインターフェイスの存在が不可欠である。

　自由に利用可能な形で大量の文字情報やデータを公開することは，統計的に自動分析する手法（テキストマイニングやデータマイニング）

を介して，新たな知識の創出にも扉を開く。ただし，ここでも著作権の問題は避けて通れない。

電子資料と著作権　図書館がいくら多くのデジタルコレクションを保有していても，そのほとんどが館内でしか見られないならば，その意義は半分以下になってしまうであろう。画像のみで本文の文字情報が利用できないのであれば，分析対象としても使えない。また，DRM 付きの電子書籍の一部を引用したいと思ってもコピーができず，手入力というおよそデジタル時代らしからぬ作業を強いられる。引用のための複製は違法ではないはずだが，技術によって公正な使用が妨げられる事態が起きているのである。

日本では ILL で電子ファイルの直接提供が行えないことは，第7章でふれた通りである。著作権法，権利者団体との個別の協定，DRM によるロックなど，何重もの縛りを受けてがんじがらめなのが，日本の図書館と利用者である。極端な侵害事例をおそれて守りを固めようとするあまり，利用の実態とどんどんかけ離れてはいないだろうか。一時期，アメリカのようなフェアユース★規定の導入も検討されたが，法改正には至らなかった。

しかし，近年に入りいくつかの法改正が行われた。

国立国会図書館についていえば，2012 年の著作権法改正によって，絶版等の資料が「図書館向けデジタル化資料送信サービス」として公共図書館や大学図書館等の館内で閲覧できるようになった。しかし図書館等に出向かなければならず，閲覧できる資料範囲も限られていた。新型コロナウィルスが猛威を奮っていた時期には図書館が閉館する事態も相次いだが，そのようなときにもやはり利用ができない。こうしたことに対応するため，2021 年の法改正では，登録

利用者であればウェブサイト上で閲覧ができる「個人向けデジタル化資料送信サービス」が開始された。また，公共図書館や大学図書館等も含め，絶版等の資料に限らず，著作物の一部分をメールで送信することも可能となった。ただしこちらには補償金の支払いが必要である（図書館等公衆送信補償金制度）。

　これらは著作権法第31条の「図書館等における複製等」の改正によって実現したもので，この「図書館等」に学校図書館は含まれない。学校図書館の行うサービスは学校教育の一環として，第35条の「学校その他の教育機関における複製等」の範疇となる。高等教育はいうに及ばず，初等・中等教育の現場においても教育の情報化が叫ばれ，GIGAスクール構想によって加速化している。授業に必要な資料をクラスの生徒にインターネット配信するようなことは，従来は認められなかった。しかし，これも2018年の法改正により，補償金の支払いを前提として可能となった。これを「授業目的公衆送信補償金制度」という。この制度は比較法的観点からも珍しく，アメリカのTEACH Act（Technology, Education and Copyright Harmonization Act of 2002：技術教育著作権調和法）では，一定の手続を満たせば教育目的のデジタル複製送信は無償で認められるものとしており，公共図書館もまたその法的利益を享受している。アフリカなどの発展途上国では，次代を担う児童生徒学生を育てるために学習上利便性の高い著作物の複製利用は問題ないものとされる。日本では，この制度への私立学校の参加は少なく，幼稚園に至っては不参加である。

　補償金の支払いが必要なケースでは，権利団体から構成される指定管理団体が料金を徴収し，権利者に分配する。同様の団体に，カラオケでの歌唱や放送局で流した楽曲に対して使用料を徴収し分配するJASRACがある。こうした制度は著作物を創作する側の権利

と利用する側の権利とのバランスをとるために設けられるものである。しかし，時として行き過ぎた管理が批判を浴びることもある。図書館等公衆送信補償金制度の中身や料金設定（雑誌の場合，1頁あたり500円で2頁目以降1頁ごとに100円）を見るにつけても，あたかもできるだけ利用しないでほしいといっているかのごとくに映る。

　一方アメリカでは，民間企業であるグーグルの大量デジタル化もフェアユースの範囲内と認められた。2017年に米国著作権局が公表したレポートでも，図書館や文書館等に認められたフェアユースはデジタルの時代においても重要であることが確認されている。図書館自体が蔵書を電子化し，所蔵する数と同一の範囲内で貸出を行うデジタル貸出サービスCDL（Controlled Digital Lending）も，出版社等との対立はあるが，浸透の様相を見せている。

　このような，両国における情報利用の自由度の違いは，じわじわと日本の新しい知識を生み出す力を削いでいるように思える。そうした流れに対抗するべく，法制度の枠外でパブリックドメインの著作物を増やしていこうとする動きもある。そもそも著者が長期間の保護を自作に求めていたかは定かではなく，著者の意図に反して保護され続けている場合もあるのではないだろうか。著作物の自由な利用を促進する目的で，国際的な活動を展開するクリエイティブコモンズは，著者自身が自作にどのような再利用の形を望むかをマークによって明示する独自のライセンス方式を提唱しており，少しずつではあるが広がりを見せている。大学図書館等を中心に熱心に取り組まれているオープンアクセスの動きがパブリックドメインの資料の拡大につながることも期待される。

電子書籍時代の図書館協力

肥大化するサイバースペース。電子図書館はそこに存在するすべての情報を提供することは不可能であるし、その必要もない。多くの情報を、1つの電子図書館で集中的に提供することもまた、現実的ではない。図書館ごとに「重要」と考える資料は異なるであろうし、組織の壁を越えて資源を集中化させることも、そう容易ではない。一方で、個々の図書館がばらばらに電子化を進めたり、アーカイビングを行ったりすれば、不要な重複が生まれたり、まったくの空白地帯が発生したり、利用の少ないものばかりが電子化されてしまったりする。ある程度の重複や空白はやむをえないにしても、国レベル、国際レベルでの長期的な視点に立った計画が求められる。

アメリカでは、グーグルブックスの登場を契機に、ミシガン大学やカリフォルニア大学などアメリカの主要な25の大学図書館は、2008年、グーグルの図書館プロジェクトやその他の事業によって電子化された資料の共同保管書庫を立ち上げた。ハーティトラスト（HathiTrust）である。電子化された資料はそれだけで安泰というわけではない。更新されなければ利用不能になってしまうものもある。また、どこで、どのような資料が、どのような形で電子化されているのかを総合的に把握できる仕組みは、不要な重複を避けるためにも、必要な情報を見つけるためにも不可欠である。2024年現在1800万件以上のデータが保管され、著作権法の許容する範囲内で全文が公開されている。アメリカ連邦議会図書館やニューヨーク公共図書館も参加し、全米的な取組みに成長している。

図書館・博物館・文書館の連携

図書館の扱う資料が物としての図書や雑誌だった時代には、同じく物としての出土品など歴史的遺物を扱う博物館や、絵画・

彫刻などの芸術作品を取り扱う美術館，あるいは歴史的な記録文書や公文書等を扱う文書館とは，自然発生的に棲み分けがなされてきた。しかし，そうした所蔵物を電子化してインターネット上で誰もが見られるようにしようという計画が進むにつれて，あることに気がつく。つまり，電子化してしまえば，写真も音声も動画も同じように扱うことができるということである。にもかかわらず，利用者がレオナルド・ダ・ヴィンチについて情報を得たいと思うとき，モナリザの絵を電子化したものは博物館のサイトに行かねばならず，ダ・ヴィンチに関する書物は図書館のサイトでしか見られないというのでは，不便きわまりない。こうしていま，博物館と図書館と文書館との連携が進められている。MLA連携である。

　ヨーロピアーナ（Europeana）は，ヨーロッパの博物館，図書館，文書館等の電子資料を横断的に検索することのできる電子文化遺産ポータルとして，2008年に誕生した。英国図書館，フランス国立図書館，ドイツ電子図書館，ルーヴル美術館，英国国立文書館など，46カ国から3700以上の機関が参加し，蓄積されたデータは6200万件に及ぶ。

　背景には，先述のグーグルによる図書館蔵書の大量電子化計画もあった。資本主義と経済の論理によって，目覚ましい勢いで大図書館の蔵書の電子化を進めるグーグルに対して，そこには長期的な視点に立って多様な文化を守り育てるという視点が欠落しているのではないか，との危惧がフランス国立図書館を中心に共有されていった。公共図書館が主ではあるが，2013年に公開されたアメリカのDPLA（Digital Public Library of America）も，同様の試みである。

　これよりも広範囲な連携の例に，世界電子図書館（The World Digital Library）がある。アメリカ連邦議会図書館とユネスコとの協力のもと，エジプトのアレクサンドリア図書館（2001年開設），ユネス

コ等も参加して，世界規模での文化遺産の電子化とその提供に取り組み，非英語，非西欧のコンテンツの拡充を目指している。

日本でも2020年，国立国会図書館がMLA連携によるデジタルアーカイブ「ジャパンサーチ」を正式に公開した。しかしながら，諸外国に比べて日本では，公文書を適切に保存，利用する環境の整備が遅れている。電子化の問題以前に，紙の文書すらきちんと保管されておらず，それを所管する公文書館の存在しない自治体もまだ多い。また，歴史的な文書の収集に重きが置かれており，現在の情報公開に資する文書管理はほとんど手がつけられていない。そうした状況を好転させるための公文書管理法が施行されたのは，2009（平成21）年のことである。MLA連携への道程はいまだ多難である。

日本国内どこにいても，誰でも，可能な限り同じ条件で，10年後も，100年後も，紙でも電子形態でも，人が望めばいつでも必要な情報に，必要とする形態でアクセスできるような環境の整備が，いま求められている。

★ 用語解説

ユビキタス　「いつでも，どこででも」を表すラテン語。マイクロチップ化されたコンピュータが身の回りのさまざまな機器に埋め込まれて，いつでもどこでも通信可能な状態を意味する。

グーグルブックス　当初グーグルプリントの名称で始められた，グーグルが提供する書籍検索サービス。このサービスを開始するにあたっては，各国の国立図書館や大学図書館と提携して所蔵資料の大量デジタル化が推し進められた（図書館プロジェクト）。しかし，著作権者の許諾を得ずに作業を進めたことが著者団体や出版社等の反発を買い，訴訟を招いた。現在は，図書館プロジェクトによってデジタル化され

た書籍も,出版社がデータの削除を要請することが可能である。なお,訴訟は,2015年にグーグル側にフェアユースを認める判決が下り,翌年確定した。

ウェブアーカイビング　たとえばいま,アメリカンメモリーを初公開した当時のウェブページを見たいと思っても,すぐには探し出すことができない。新しい内容に置き換わってしまったからである。こうして内容の更新やリンク切れなどによって失われていく貴重な情報を残すため,ウェブ上を定期的に巡回して,公開されている情報を収集し保存するウェブアーカイビングが開始された。国立図書館などが公的に取り組む場合もあれば,インターネットアーカイブ（Internet Archive）のように民間の団体が行っている場合もある。

ポータルサイト　ポータルは玄関口を表す語で,ウェブ上で利用者をあらゆる適切な情報源へと導く総合的な窓口を意味する。

フェアユース（公正使用）　アメリカ著作権法107条に示された考え方。イギリスやカナダではフェアディーリング（fair dealing）の語を用いる。国によって対象範囲に違いはあるが,批判やコメント,報道,教育,学術,研究など,公共の利益に資すると判断された場合に,著作権者の許諾を得ることなく著作物を使用できる。日本のように個別の条項で可能な範囲を示すのではなく,包括的な取扱いである点に違いがある。

オープンアクセス　外国学術雑誌の価格高騰は著しく,とくに大学図書館はその影響を強く受けている（第7章参照）。その対抗策として,多くの学術論文を,インターネットを通じて,誰でも制約なく無料で利用できるよう,公開範囲の拡大を目指す動きが活発化している。これをオープンアクセスという。研究データの共有・公開化（オープンデータ）と合わせて,オープンサイエンスともいわれる。日本でも遅まきながら,科学研究費などの公的資金を投入した研究の成果論文等は原則として即時オープンアクセス化する方針が打ち出されている。

 読書案内

原田勝,田屋裕之編『電子図書館』勁草書房,1999。
　電子図書館について,流通面,法律面,技術面などさまざまな角度からアプローチしている。技術面では古くなっている部分もあるが,基本をおさえるのに適した好著。

長尾真『電子図書館 新装版』岩波書店,2010。
　初版は1994年に出版された。画像処理や言語情報処理の第一人者である著者が,電子図書館で書籍の構造や読書の形態がどう変わるのか,初心者にもわかりやすく説いている。新装版では国立国会図書館を中心に据えた電子出版物の流通体制に関する提言も加えられた。

バーゾール,W.F.(根本彰,山本順一,二村健,平井歩実訳)『電子図書館の神話』勁草書房,1996。
　伝統的な「場所としての図書館」と情報通信技術の発展を背景に登場した「電子図書館」をいずれも「神話」として,その輪郭を際立たせて対比し,新世紀の図書館の本質を明らかにしようとした意欲作。最終章に9つの重要な提起がある。

ジャンヌネー,J.-N.(佐々木勉訳・解題)『Googleとの闘い——文化の多様性を守るために』岩波書店,2007。
　フランス国立図書館の館長であった著者が,アメリカで急成長したグーグルの進める大量デジタル化計画の問題点を明らかにする。電子書籍時代の図書館論としても,比較文化論としてもおもしろい。

引用・参考文献

田中敏「デジタル化資料の共同リポジトリ HathiTrust ——図書館による協同の取り組み」『カレントアウェアネス』(310), pp. 14-19, 2011。
《ウェブサイト》
『令和6年版 情報通信白書』総務省ホームページより。
British Library "2020 Vision"

第9章 図書館利用教育と情報リテラシー

図書館利用に関する講習会（[提供] 青山学院大学図書館）

　図書館が用意した資料（コレクション）を中心とする資源がいかにすばらしいものであっても，利用者がこれを「使いこなす」ことがなければ意味をなさない。図書館をはじめとする情報環境を利用者が「使いこなす」ためには情報リテラシーが必要である。本章では，利用者の情報リテラシーの習得・維持・向上を支援するサービスである図書館利用教育について概説する。

1 図書館利用者と情報リテラシー

サービスとしての図書館利用教育

　図書館利用教育（library use education）には，図書館利用指導（library use instruction）や利用者教育（user education）など，さまざまな同義語・類義語があり，館種などによって使い分けられる場合もある。本章では，潜在的な利用者を含めた図書館利用者に対して図書館が提供する指導的な活動を包括する用語として「図書館利用教育」を用いる。

　図書館利用教育を図書館のサービスとして位置づけるとき，第一義としては，特定の図書館において，利用者が当該図書館のサービスを効果的・効率的に活用できるように案内・指導することが目指される。その場合，背景・基盤として，図書館利用者を「情報」の利用者として理解・把握することが，サービス計画の段階から必要となる。たとえば，情報を入手しようとするときには，「書店で本を買う」「インターネットでグーグルを使う」「詳しい人に尋ねる」など，選択肢はいろいろある（さらにいえば「誰かに頼む」「諦める」なども選択肢としてあげられよう）。「図書館を使う」というのは，情報入手における多様な選択肢のなかのひとつにすぎない。図書館にとって重要なのは，情報利用者としての図書館利用者がどのようなニーズ（needs）をもち，いかなる状況・条件において図書館を選択・利用するのか，あるいは選択・利用することが適切なのか，といった理解・把握である。

　理解・把握にあたって重要となる概念が情報リテラシー（information literacy）である。情報リテラシーをめぐっては，さまざまな定

義がなされうるが,端的にいえば「情報を主体的に使いこなす能力」のことである。後述するように,私たちが種々の問題を解決し,意思決定をしながら,職業,地域,家庭,趣味などさまざまな領域における生活を送っていくうえで不可欠な能力である。

　情報リテラシーは,いわゆるコンピューターリテラシーとイコールではない。コンピューター以外にも情報を活用するための手段はいろいろある。また,情報リテラシーは,技能・知識にとどまらず,態度・姿勢と呼ばれるような側面までを含む概念である。たとえば,大学生がレポートを作成するとき,単にOPAC（第3章用語解説参照）の検索法を知って文章が読めるだけでは,情報を「使いこなす」ことはできない。興味・関心をもって文献を読み解き,適切な方法・範囲で参照・引用するといったことができなければならない。

　図書館の利用を情報の利用という観点から見たとき,図書館利用教育は情報リテラシーを習得・維持・向上する機会と捉えられることになる。ここにおいて,先にあげた理解・把握の対象は,情報利用者としての私たちに求められる情報リテラシーがいかなるものであり,図書館利用がそのなかにいかに位置づけられ,習得・維持・向上に図書館はいかに関わるか,と置き換えられることとなる。理解・把握における焦点は,従来から図書館が重視してきた「**図書館利用者の理解・把握**」にほかならない。

　利用者の理解・把握については,情報行動,とりわけ探索・利用行動を理解・把握することが中心となる。すなわち,図書館の立場からは,利用者の情報探索・利用行動における図書館の位置づけを検討することになる。これらについて整理・共有しておくことが図書館利用教育の計画・実施における背景・基盤となる。

情報リテラシーと問題解決

日本に限らず、また、時代によらず、少なくとも民主的な社会においては、情報リテラシーは私たちが生活していくうえで必須のものとなる。デジタルデバイド★（digital divide）の問題は、基本的にはICTの発達・普及よりも以前の社会にも共通して存在していた情報格差（information gap）の問題として考えなければならない。東日本大震災（2011年）で私たちが目の当たりにしたのは、適切な情報――たとえば津波への対策や避難に関する情報――を入手・活用できるどうかが生死に関わるという、ややもすると忘れかけていた重大な事実であった。すなわち、情報格差の軽減・解消は、社会全体の課題、国家の責務として捉えるべきであり、軽減・解消の手段としての情報リテラシーの習得・維持・向上を、個人の努力・資質のみに帰するべきではない。ここに至って、情報への公平なアクセスを保障する社会的なメカニズムとして図書館を捉えたとき、「機会」ではなく「結果」としてアクセスを利用者に保障するためには、情報リテラシーが図書館の存立理念に関わる概念であると受けとめることができる。

さて、先に情報リテラシーは、私たちの生活において必須であると述べた。必須であるといえるのは、私たちが日々、「問題」を解決しながら生活しており、「問題」の解決には情報の入手・活用が不可欠であり、情報の入手・活用は情報リテラシーがあってこそ可能となるからである。

ここでいう「問題」（problem）とは、「朝食をパンにするかご飯にするか」「今晩のテレビ番組は何を視るか」といったことから、就職活動や病気治療、さらには環境保護や国際平和といったものまで、きわめて広範に用いられる概念である。「現状（初期状態）」と「理想（目標状態）」との間にギャップ（乖離）がある状態が「問題」

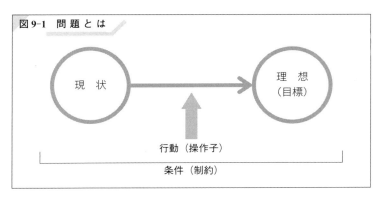

図9-1 問題とは

である（図9-1）。会社で上司から課された「企画書の作成」は、「現状（まだ完成していない）」と「理想（企画書を作成・提出した）」とにギャップがある「問題」である。なかには、私たちが「問題」と認識していないものもある。たとえば「落ち込んでいるので、気分がスカッとする小説を読みたい」というのも「現状（落ち込んだ気持ち）」と「理想（スカッとした気持ち）」にギャップがあるので「問題」と呼ぶことができる。

　問題を解決するためには、解決するための「行動」が必要となる。どのような行動をとればよいかがわかっている場合を「解きやすい問題」（well-structured problem）と呼ぶ。それに対して、どのような行動をとればよいかがわからない場合がある。「解きにくい問題」（ill-structured problem）である。どのような行動をとればよいかがわからないのは、問題を構成する4つの要素のうち、いずれか1つ以上が明確になっていないためである。4つの要素とは、「現状」「理想」のほか、「条件（自分では影響を及ぼせない事柄）」と「操作子（自分で影響を及ぼすことのできる事柄、いわば「行動」の選択肢）」である。先の「企画書の作成」の場合では、企画書の使途・分量・提出期限などが条件であり、どんなデータを使うか、内容・構成をどうする

か，などが操作子である。

　要素が不明確なのは，（頭のなかにあるものを含めて）自身の手許の情報（知識）では足りないからである。明確にするには「外部」から必要な情報を入手し，活用しなくてはならない。たとえば，企画書の提出期限がわからなければ上司に尋ねればよい。4つの要素が明確になれば「解きやすい問題」となるから，あとは「行動」に移すことができる。すなわち，（解きにくい）問題を解決するためには，情報の入手・活用が必要であり，入手・活用には一定の能力が求められる。これこそが，問題解決，ひいては日常生活において情報リテラシーが必須といえる理由である。

　ここでいう情報の入手・活用は，何から何まで自分ですべて行うことを意味しない。他者の支援によることもできる。他者に支援を求められること自体も情報リテラシーの範囲内であると見なせよう。たとえば，「困ったときにレファレンスサービスを利用できる」というのは，情報リテラシーとして大切ではないだろうか。

　次節に移る前に，情報リテラシーの具体的な中身は状況（文脈）によって規定されることを確認しておきたい。すなわち，属するコミュニティが異なれば，求められる情報リテラシーも異なる。銀行の窓口担当職員と農業高校の生徒では，必要な情報リテラシーは同じではない。当然ながら，時代や場所（国・地域）などによっても違いがある。

　なお，公共図書館では，後述する通り，ビジネス，健康・医療，法律など，コミュニティのニーズに合わせた情報提供・相談サービスが行われているが，見方を変えれば，住民にとって望ましい知識獲得の水準を目標として，情報アクセスを操作子とする情報リテラシーを提示しているともいえよう（フィナンシャルリテラシー，ヘルスリテラシー，リーガルリテラシーなどと呼ばれることがある通りである）。

2 情報リテラシー教育としての図書館利用教育

図書館利用教育の方法 情報リテラシーの習得・維持・向上を支援するために意図的に提供される活動を情報リテラシー教育と呼ぶことにしよう。繰り返しになるが、図書館利用教育は、「(しばしば特定の) 図書館の使い方」を利用者に伝えることを基本的な目標としていた。図書館の使い方を身につけていること――これを図書館リテラシー (library literacy) といってもよい――を情報リテラシーの一部だと捉えるとすると、図書館利用教育は情報リテラシー教育のなかに位置づけられることになる。情報リテラシー教育としての図書館利用教育は、(特定の) 図書館のことだけを考えて行われるものではなくなる。たとえば (図書館とは直接には関係のない意味において) パソコンの使い方やプレゼンテーションの仕方などを含めた、すなわち、(特定の) 図書館以外を含めた、利用者が置かれた情報環境全体のなかで、情報リテラシーの体系・総体を想定した指導が展開されることになる。

なお、情報リテラシー教育としての図書館利用教育を、従来的な (狭い) 意味での図書館利用教育と区別するため、**指導サービス** (instruction service) と呼ぶこともできる。ただし、本章では、定着度合いを考慮して、図書館利用教育を (広い意味で) 用いる。

さて、図書館利用教育の方法について整理してみよう。一般には講習会――大学・学校図書館については授業における指導も含まれる――のような対面・集合形式のみが想起されやすいが、情報リテラシーの習得・維持・向上という点から考えれば、必ずしも対面・集合に限られるものではない。コロナ禍に普及したオンライン会

Column ⑨ 情報リテラシー教育とラーニングコモンズ

　大学図書館における**ラーニングコモンズ**（learning commons）の設置は定着した印象である（名称はさまざまであるが）。図書館とは別にラーニングコモンズが設置される例もある。

　日本においては，一般に，ラーニングコモンズとは，「会話をしながら学習できる」「パソコンなどの機器が設置されている」「移動可能なテーブルやイスがある」「ソファなどがあって居心地のよいしつらえになっている」「レポート執筆などの相談に乗るティーチングアシスタントなどがいる」などといった特色をもった空間として認識・運用されている。大学図書館の取り組む**学習支援**のための施設であると捉えられていることが多い。

　ここで立ち止まって考えてみたい。ラーニングコモンズが学習支援のためのものであるならば，他の（既存の）書架や閲覧席のあるエリアなどは学習支援のものではないのだろうか。もちろんそうではあるまい。大学が研究・教育の場である限り，大学図書館はそもそも研究とともに学習（教育）を支援することを基本的な機能としているはずである。ラーニングコモンズは，従来，研究支援を偏重してきたといわれる大学図書館が学習（教育）支援にも力を入れるという方針を象徴する役割を果たしているのではないだろうか。

　その意味では，本来は，既存のエリアを含めて「大学図書館全体がラーニングコモンズである（べき）」という言い方もできよう。もっとも，すべてのエリアで「会話をしながら学習する」ということは考えにくいので，会話の可・不可などでエリアを分けて運用することになる。むろん，欧米で研究図書館と学習図書館を別に設けている場合と同様にもっぱら研究のためのエリアとは切り分けることも考えられる。

　さて，情報リテラシー教育も学習支援のための取組みに位置づけられることがある。情報リテラシーを学習のための能力——学習を進め，目標を達成していくことは，まさに本章でいう問題解決の1つ——と捉えれば，情報リテラシー教育が学習支援において重要な取組みで

> あることは確かであろう。しかしながら、レファレンスサービスも貸出サービスも同様に、学習を進める際に利用されるならば、学習支援のために提供されていると考えることができる。パブリックサービスのみでなく、選書などのテクニカルサービスも含めて、図書館サービス全体が学習支援という枠組みから捉え直される（べき）ものといえる。
>
> 　なお、ラーニングコモンズあるいはそれに準じるスペースは、他の館種にも拡がっている。とりわけ公共図書館においては、複合施設化などを背景として、"賑やかな図書館"が増えている。ほぼ全館を飲食可とするケースなども含めて、いわゆる滞在型の"学びの場"としてイメージを大きく変えつつある。

議・セミナー形式のように遠隔のものもある。また、たとえば、テキストブックを読んだりビデオ映像を視聴したりする独習も方法に含められる。いわゆるeラーニング——ウェブ上のチュートリアルなどを含む広い意味において——を活用した図書館利用教育はめずらしくない。パスファインダー（第4章用語解説参照）などのツールを作成・提供することも指導の機会ととらえられる。レファレンスサービスやカウンターでの貸出・返却手続きも個別に指導ができる重要な機会となる。

　このように多様な方法が考えられるのは、図書館利用教育の内容が単なる知識・技能の伝達にとどまらないためである。たとえば、利用者に対して、図書館という存在について印象づけ★（user awareness）を行う段階も図書館利用教育の範疇であるとするならば、館内などに掲示するポスターや配布しているチラシなどによる報知・啓発も重要な指導の方法となる。サービス計画にあたっては、対面・集合形式のもの以外を含め、適切な方法を組み入れていくことが期待される。

図書館利用教育の内容　図書館利用教育の内容,つまり「何を教えるか」については,すでに述べたとおり,情報リテラシーの位置づけられる状況(文脈),利用者の属するコミュニティに依存する。すなわち,文脈に基づいて情報リテラシーを捉え,図書館利用教育のサービス計画を立てていく必要がある。ここでは,館種ごとに見ていこう。

　まず,大学図書館は,研究と教育を社会的な機能とする大学に属する図書館であることから,研究支援と教育支援——学び手の立場に立つならば学習支援と言い換えられる——とが図書館の主要な機能となる(本来は「学修支援」を用いるべきところであるが,「学修」と「学習」は明確な区別なく使われることも少なくないため,本章では「学習」で統一する)。研究支援の機能から考えるならば,教員や学生による研究活動に必要な情報リテラシーとは何かを明確にしたうえで指導を実施していくことが求められる(何をもって「研究」と呼ぶかという議論は,別途しなければならない)。教育・学習支援の機能から考えるならば(*Column* ⑨も参照),大学(あるいは学部・学科など)として,さらにはカリキュラムや授業ごとに,いかなる目標が設定され,目標を効果的・効率的に達成するために学生にはいかなる情報リテラシーが求められるかを考えたうえで,指導を展開することになる。なお,学生に対する情報リテラシー教育は,図書館だけではなく,授業などでも実施されるものであるから,図書館・図書館員と授業・教員との連携・協力を含め,大学全体としての取組みが必要となる。また,ここでは詳述はしないが,教員の情報リテラシーも検討の対象となる。

　学校図書館では,同様に学校教育という枠組みのなかで図書館利用教育の内容が構想されることになる。端的にいえば,学校図書館法2条にいう「教育課程の発展に寄与」することと,児童・生徒の

「健全な教養の育成」に資することを2つの柱と見なすことができよう。前者はいわゆる学習指導，後者はいわゆる読書指導と呼ばれるものに対応しているといえよう。教育課程に基づいて行われる各教科・科目における，各学年・学期・単元などごとの目標に向かって学習を進めるため，あるいは健全な教養を高めていく読書を進めるため，児童・生徒にとって必要となる情報リテラシーはいかなるものかが検討されることになる。なお，ここでは詳述しないが，教員も重要な図書館利用者であるから，指導にあたって教員に求められる情報リテラシーも検討の対象となる。

　公共図書館——ここでは図書館法にいう公立図書館を想定する——においては，**社会教育・生涯学習**という観点から利用者にとっての情報リテラシーを捉えることができる。「図書館の設置及び運営上の望ましい基準」（平成24年12月19日文部科学省告示第172号）においても，地域住民が情報リテラシーを習得するための学習機会を図書館が提供する旨が謳われている。ただし，市町村の図書館については，総体的に見た場合，教養・趣味・娯楽・実用と呼ばれる分野の読書機会の提供が中心となっており，日常生活全般を見据えた図書館利用教育が十分に提供されているとまではいいづらい。もっとも，ビジネス支援サービスや健康・医療情報サービスなどのように個人の問題解決を積極的に支援する，いわゆる課題解決支援という役割のなかで，データベースや文献の検索法などがレクチャーされるなど，情報リテラシーの習得・維持・向上に資する取組みも広がってきている。なお，いうまでもないが，ここでいう教育とは「強制」を伴うものではなく，学習者の意思に基づいて利用される，学習を促進する営みをいう。

> **情報リテラシーをめぐる図書館の方向性**

本節の最後にあたって,私たちが生活していくための問題解決能力としての情報リテラシーをめぐって図書館がとるべき方向性について整理しておきたい。ひとつは,本章で取り上げている通り,利用者が情報リテラシーを身につけることを支援する,という方向である。またひとつは,利用者に代わって,あるいは利用者を助けて図書館員などが一緒に情報の入手・活用を行う,という方向である。たとえば来館する時間がないとか身体的なハンディキャップがあるとかいった理由で利用者が情報リテラシーを発揮できない場合や,情報リテラシーが「不足」している場合において,レファレンスサービスなどを通して行われることになる。なお,誤解のないように確認しておくと,ここでいう「不足」は価値判断を伴う言葉ではない。ある時点・状況において,情報を入手・活用するにあたって求められる知識なり技術なりを,たまたま利用者が持ち合わせていない(いわばギャップあるいはミスマッチ)ということ以上の意味をもたない。

さらに,もうひとつが,情報リテラシーが不足していても情報を入手・活用できるように環境を整えるという方向である。いわば,「教えなくても(誰でも)使える図書館」をつくっていく,ということになる。「日本十進分類法」(NDC)を知らなくてもイラストで理解できるサインを作成・掲示する,件名標目(シソーラス;第6章3節参照)を理解していなくても入力語を自動変換するOPACを導入・提供する,といった取組みはすでに行われている。こうした取組みをふまえれば,かつて図書館利用教育で積極的に指導されていた(やや詳細な)NDCや自然語と統制語の使い分けなどについては,すでに指導の必要性が低下しているとも考えられる。

3 図書館利用教育の実践

図書館利用教育の実際　日本における事例を簡単にあげておこう。とはいえ，本章における意味での図書館利用教育（の少なくとも一部）は，館種を問わず，ほとんどの図書館で実施されている。また，実践の経過・結果は，ウェブを含め，公開・公表されているものが少なくない。そこで，ここでは，さまざまな館種の実践を取り上げている『情報リテラシー教育の実践』から，いくつかの事例を簡単に紹介しておくこととする（やや古いものも含まれているが，今でも参考になると考える）。

　三重大学では，「『4つの力』スタートアップセミナー」という新入生向けの授業科目が設定されている。テーマの設定，情報の探索・整理・表現・評価が15回にわたって指導される。なお，「4つの力」とは，三重大学の教育目標であり，「感じる力」「考える力」「コミュニケーション力」「生きる力」からなる。第6回の授業は「情報を探索する方法①：図書館を用いた情報の探索法」であり，附属図書館によるガイダンスが行われる。当該回の授業は，前半が講義，後半が図書館ツアーとなっている。講義では，図書館の資料やサービスなどについて説明がなされる。学習に必要な情報リテラシーを身につけるための授業において，図書館利用教育が展開されている好例といえる。

　椙山女学園高校・中学校図書館では，新入生向けの「図書館メディア・オリエンテーション」を「総合的な学習の時間」の1時間目として実施している。内容としては，いわゆる調べ学習の基礎となるものが目指されており，全教科にわたる40問の問題を生徒に

割り振り，情報源を探索して解答することを求める。同校の授業スタイルである「調べて・まとめて・発表する」の導入となるような，まさに情報リテラシーを習得していく最初の段階に位置づけられている。

　立川市図書館では，「インターネット情報へのアクセス指南」と題する講習会を実施した。実際にパソコンを使いながら，インターネットの情報源を利用し，有効なサイトを理解してもらうことを目的としていた。時間は2時間で，3名の図書館職員が指導にあたった。初級では，検索エンジンの使い方に始まり，図書情報，新聞情報，官公庁情報などの検索について，有用なサイトを紹介しながら取り組み，中級では，これに加えて言葉のゆらぎに配慮したり，大学図書館や判例などを扱ったりした。初級はパソコンで日本語入力ができること，中級は日常的にインターネットを使っていることが受講の条件とされた。情報リテラシーのレベルに合わせて開講されていることがわかる。

図書館利用教育の標準化・理論化

　図書館によって利用者は異なる。したがって，情報リテラシー教育としての図書館利用教育についても，個々の図書館を取り巻く固有の状況をふまえた取組みが求められることになる。上で紹介した実践例は，それぞれの図書館を取り巻く状況をふまえて工夫されたものである。とりわけ利用者を丁寧に理解・把握し，プログラムを設計していることがわかる。

　しかしながら，すべての図書館において，こうした取組みを期待することができる条件が整っているとは限らない。情報リテラシー教育として図書館利用教育を捉えた場合，すなわち情報格差の軽減・解消に向けた主体的な情報利用者の育成という社会的な課題に

資する立場に図書館が立つ場合，すべてを個々の図書館に委ねるのではなく，機会の確保や質の保証に向けた標準化が必要となる。同じ館種であれば，共有すべき内容・方法は少なくないことから，館種ごと——学校図書館であれば校種ごと——に基準・指針を作成するのは，一定の妥当性があるといえよう。

日本では，すでに日本図書館協会から図書館利用教育の「ガイドライン」や「ハンドブック」が出されており，少なくとも「たたき台」として一定の役割を果たしている。国立大学図書館協会などからも基準・指針が公表されている。アメリカではアメリカ図書館協会（ALA）の大学・研究図書館協会（ACRL）や学校図書館員協会（AASL）などによるものが，イギリスでは国立・大学図書館協議会（SCONUL）などによるものが出されており，積極的に活用されている。

こうした標準化をめぐる動きは，一定の質を保ちながら実践を充実させていくためには有効である。一方で，標準化の基盤となる理論化も重要であることは付記しておかねばならない。「経験」だけに依存するのではなく，経験を含めた実証的な「データ」——必ずしも質問紙や面接による調査や実験などの結果に限定されるものではない——に基づく議論や考察を重ね，「理論」を固めることが必要である。ここにおいて，実践知を扱う学問としての図書館情報学が意義をもつこととなる。もちろん類縁学問領域との連携・融合は意義を高める方向に作用するであろう。

情報リテラシーという枠組みにおいて図書館利用教育を捉えたとき，「特定の図書館」はもちろん，「社会的なメカニズムとしての図書館」という枠を越えて，とりわけ館種という枠を越えて展開されることも期待される。私たちは，生まれてから，公共図書館の幼児・児童コーナー，小・中学校の図書室，高校の図書室……という

ように，さまざまな館種の図書館を（館種を渡り歩きながら）使いこなしていく存在であり，また，目的などに応じて，レポート執筆には大学図書館を，娯楽の読書や実用的な調べものには公共図書館を……というように，複数の館種を使い分ける存在である。したがって，少なくとも理念的なレベルでは，図書館全体を包括するような情報リテラシーに基づく図書館利用教育の（メタ）プログラムが構想されることが期待されることとなる。基準や指針の基盤として，いわゆる枠組み（フレームワーク）が策定される動きは，この期待に応える方向と見なせよう（「引用・参考文献」も参照）。

★ 用 語 解 説

デジタルデバイド　インターネット時代における情報格差。とくにデジタル環境（ICT）を使いこなせる層（information rich）と使いこなせない層（information poor）との間に生じる社会経済的な格差を意味する。

印象づけ　『図書館利用教育ガイドライン――大学図書館版』（1998年）では，図書館利用教育の目標を5つの領域に分けている。すなわち，印象づけ，サービス案内，情報探索法指導，情報整理法指導，情報表現法指導である。印象づけは，たとえば「図書館は便利なところ」といった認識を利用者がもつようになることを目指している。

 読 書 案 内

根本彰『情報リテラシーのための図書館――日本の教育制度と図書館の改革』みすず書房，2017。
　利用者の情報リテラシーを導くという図書館の役割について，教育制度や図書館の歴史を振り返りながら，検討している。館種を超えた理論的な展開を確認することができる。
日本図書館協会図書館利用教育委員会編『情報リテラシー教育の実践

──すべての図書館で利用教育を』日本図書館協会,2010。

情報リテラシー教育としての図書館利用教育について,各館種の事例を掲載している。文献紹介も付されている。本章3節で取り上げた事例は,第8章(長澤多代),第5章(天野由貴),第3章(斎藤誠一)のものである(括弧内は執筆者)。

田村俊作編『情報探索と情報利用』勁草書房,2001。

私たちの生活を取り巻く「情報」について,その探索と利用をさまざまな側面からとりあげ,デジタルデバイドや情報リテラシーをめぐる検討までを展開している。なお,本章2節で取り上げた問題解決に関する記述(図を含む)は,同書第3章(斎藤泰則執筆)を要約・展開したものである。

引用・参考文献

日本図書館協会図書館利用教育委員会編『図書館利用教育ガイドライン──合冊版』日本図書館協会,2001。(なお,同委員会では現在,ガイドラインに替わる枠組みの作成に取り組んでいる。ACRLの「高等教育のための情報リテラシーの枠組み」(2015)公表などの動きを踏まえたものである。)

日本図書館協会図書館利用教育委員会編『図書館利用教育ハンドブック──大学図書館版』日本図書館協会,2003。

日本図書館協会図書館利用教育委員会編『情報リテラシー教育の実践──すべての図書館で利用教育を』日本図書館協会,2010。

第**III**部

図書館で働く

第 10 章　図書館経営
第 11 章　図書館員になるということ
第 12 章　知的自由と図書館の自由

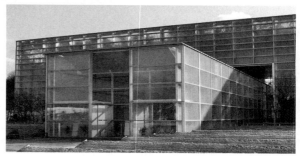

国立国会図書館(上から順に,東京本館,関西館,国際子ども図書館)

第 10 章　図書館経営

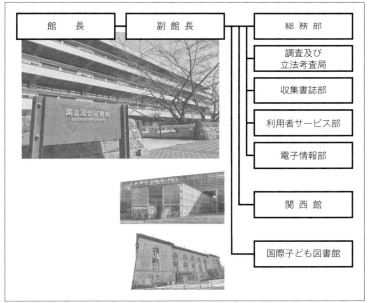

国立国会図書館の組織図
（注）2024年4月時点で定員895名の職員からなる大きな組織でもある。

　館種を問わず、'知の拠点'としての責務を担う図書館が利用者に対して提供している公的サービスは、直接的には利益を産まない。しかし、近年、財務基盤が逼迫している設置母体の影響を大きく受けていることもあり、従来のような形式的な規範適合的な管理をしていればそれでよいというものではなくなり、コストパフォーマンスに留意した、民間企業に準じた経営が求められるようになっている。

1 図書館と経営

> 図書館経営の意義

図書館は,情報・知識・資料を収集し,組織化し,保存し,提供する組織である。同時に図書館はそれ自体が単独で存在できるものではない。図書館にはその設置母体があり,それぞれの設置母体はそれぞれの課題を抱えている。設置母体は,自らの課題解決のために何がしか貢献してくれることを期待して図書館を設置している。

なおかつ,図書館は自身が収益を産み出すのではなく,活動を通じて設置母体全体の利益に貢献していくことが求められている。この達成は,個々の場面での業務の適正さの管理だけで実現するものではなく,さまざまなレベル・場面で図書館設置の使命の実現という観点から全体的かつ総合的に判断をして取り組んでいく必要がある。この判断を誤っていくと図書館の存続そのものに関わることになるだろう。

以上の点から,**図書館経営とは,図書館の使命の実現によって設置母体全体の利益に貢献することを目的として図書館としての維持・存続・発展を図る活動である**と規定することができる。

> 非営利組織としての図書館経営の特徴

ここでは,図書館経営の特徴をいくつか指摘したい。1つ目は,財源とサービス提供対象の不一致である。図書館は,世界的に見て基本的な利用に対しては無料で提供するという無料の原則を採用している。とくに日本の公共図書館(公立図書館)の場合,図書館法第17条で「入館料その他図書館資料の利用に対するいかな

る対価をも徴収してはならない」と定められている。したがって，利用者から直接対価を徴収することはないため，利用者以外からサービスの財源を提供してくれる資金提供者を求める必要が出てくるが，実際にはほとんどの図書館では設置者が資金提供者となる。

このとき，資金提供者と利用者の認識や利害関係が一致していればよいが，実際には一致していないことも多い。このため，利用者からは好評であるにもかかわらず設置者側の事情によって一方的に予算削減されるといった事態が発生する。現実の日本でも，公共図書館において資料貸出は2010年代まで増加していたのにもかかわらず，資料費のピークが1990年代半ばで以降年々減額している。つまり，図書館サービスのパフォーマンスの結果が次の活動の基盤となる財源に結びつかないという状況になっている。

2つ目は，使命から生じるサービスの効率の問題である。そもそも，あるサービスから収益を上げることが可能ならば，企業が進出して営利事業を展開する。しかし，図書館をはじめとする非営利組織が提供しようとするサービスでは，社会的・経済的弱者にこそ提供することが求められることが多い。つまり，非営利組織の活動は，その使命上非効率的にならざるをえない側面がある。

たとえば，公共図書館におけるマイノリティへのサービス提供を考えてみると，マイノリティは経済的にも弱者であることが多い。営利企業としては，経済的効率性の観点から手を出せないことになる。しかし，社会的正義の観点から見ていけば，公共図書館こそがマイノリティへの資料・情報を提供することを期待される。

3つ目は，経営の達成を測るモノサシの問題である。営利企業では，収益の絶対額，収益率といった金銭価値による指標に基づいて明確に経営の成果を測定することができる。しかし，非営利組織ではこのような指標がなく，評価が難しい。このため，提供者はよい

サービスを提供していると自負していても，利用者や資金提供者にまったく理解されない，という状況が往々にして出現する。この点を解決するためには，図書館の評価の問題を考えなければならない。

　図書館をはじめとする非営利組織の経営でも営利企業とは異なった難しさがあるといえよう。

2　図書館経営の要素

図書館の外部環境と経営資源

　図書館経営を考えるときには，さまざまな要素が存在する。大きく分けて図書館の外側にある要素と内側にある要素とに整理できる（図10-1）。図書館が生き残っていくためには，図書館の内外によく目を向けて，情報をよく収集する必要がある。

図書館の外部環境

　図書館の外部にある環境はさまざまな要因として図書館のあり方に大きな影響を与えている。これらのなかには図書館として制御不可能なものも多い。さまざまな要素が存在するがとくに影響を及ぼす要素としては，地理，政治・経済，文化・社会，技術といったものをあげることができる。これらの要素は，ごく身近なレベルから地球規模のレベルまで大きな広がりがある。また，設置母体それ自身やその構成員も図書館として制御できない部分が多いので，外部環境といえる。ここではいくつかの外部環境について言及したい。

　地理的要素は，図書館の利用に関わる大きな要因である。自然環境だけではなく，総合的に見ていく必要がある。図書館の設置を考える時に重要なのは，住民の生活動線★である。動線との関係で図

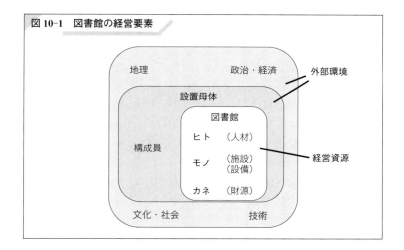

図10-1 図書館の経営要素

館の立地を検討していく必要がある。

　政治的要素には政策・法令等がある。学校図書館を考えるうえでは，学校教育政策はきわめて重大な影響を及ぼす。また，**文字・活字文化振興法**★は，公共・学校図書館に影響を与えている。

　法令は，設置の根拠であるばかりか，経営活動上参照しなければならないものが多岐にわたって存在する。公共図書館，学校図書館，国立国会図書館には，図書館法，学校図書館法，国立国会図書館法という設置上の根拠となる法律がある。大学図書館の場合には，学校教育法に基づく大学設置基準という省令が設置上の根拠となる。また，図書館サービスにおいては，**著作権法**★の知識が必須である。さらに近年は読書バリアフリー法も大きな影響を与えている。

　設置母体やその構成員，つまり利用者も図書館経営を考えるうえで重要である。研究志向か教育志向かで学生に提供する大学図書館サービスは大きく異なり，当然図書館の活動に大きな影響を及ぼす。公共図書館の場合，地域の人口動態などにも注意が必要だろう。

図書館の経営資源　図書館の内部にある経営要素は，外部にある要素に比べ，一定の制御が可能である。これらの要素は経営という目的のために利用可能なもの（＝資源）であるため，一般には経営資源という。経営資源には有形のもの（人材・施設／設備・財源）と無形のもの（情報・ノウハウ・さまざまな知的財産・ブランド力）がある。このうちとくに有形のものは古くから経営資源の代表格として考えられ，俗にヒト・モノ・カネといわれてきた。

　人材は，図書館の質を決定する最重要な要素であり，実際図書館の経費としても通常は人件費が一番多くの割合を占めている。サービスの基盤である資料，サービス対象である利用者に関する知識，そして利用者と資料を仲介するスキルを持っていることが大事とされる。これらの要素について十分な能力を発揮するために，高度な知識と技能を有する職員が必要となる。

　そして，これらの職員のパフォーマンスを最大にするためには，組織を形成していく必要がある。図書館においても，他の組織と同様に末端の職員—中間管理職—経営層といった階層型の組織を構成することが多い。職員の職務分担の枠組みについては，図10-2のように機能をベースに構築していくことが多いが，資料の種類，主題分野，あるいは利用者といった要素なども考慮に入れて現実の組織が構成される。

　次に施設，設備，備品といった要素（モノ）になる。図書館においては，とくにコレクション（蔵書）が重要な経営資源となるだろう。また，現時点では非来館型サービスのみで活動している図書館はごく少数であり，大多数の図書館にとっては施設・設備も重要な経営資源である。これらについては，コレクションに関わる議論（第5章参照）や，図書館建築の領域で語られていることの多くが参考に

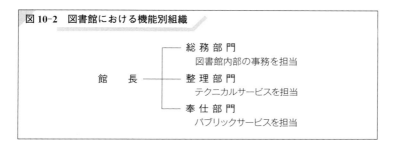

なるので,それらの議論の成果をもとに問題を考えていくとよい。

そして,財源である。従来日本の図書館では,設置母体からの予算にほぼ100%依存していたが,近年は,さまざまな資金調達が行われるようになってきている。たとえば寄付により資金を調達したり,助成事業に応募して外部資金を獲得したりといった活動が評価されている。同時に,日本の行政改革の流れのなかで導入された**NPM**★(New Public Management)と呼ばれる新しい行政手法が図書館に適用されて民間資本が公共図書館に導入されることも行われている。

PDCAサイクルと図書館評価

現在経営において基本的な考え方となっているのが,**PDCA**サイクルである。これは,Plan(計画),Do(実行),Check(評価),Act(改善)という4段階を通じて,経営を管理しようとしている(図10-3)。当初の計画を評価していき,その改善を次の計画に反映させていくことで,スパイラル状に経営を改善しようということを目的にしている。日本の,とくに公財政のもとでは,予算獲得のための計画(Plan)と執行(Do)時の手続的・形式的適正さが重視され,執行内容の意義を評価(Check)する意識が希薄であった。PDCAのCとA,つまり評価と改善こそが日本の非営利組織の経

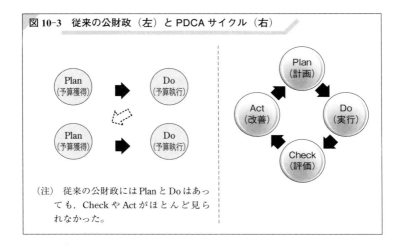

図 10-3 従来の公財政（左）と PDCA サイクル（右）

（注）従来の公財政には Plan と Do はあっても，Check や Act がほとんど見られなかった。

営にはとくに求められているだろう。

2008年の図書館法改正により，図書館経営の評価が努力義務規定として盛り込まれている。これからは，PDCA サイクルを意識して，評価と改善を伴う経営が求められている。

図書館経営の課題に対して

現在，図書館は多くの経営的困難に直面している。ここでは，そもそも経営がどのようにあるべきか，という観点から図書館経営の課題に対する考え方を示唆したい。

ピーター・ドラッカー（1909-2005）は，経営の務めとして，①組織の具体的な目的と使命を果たす，②業務の生産性をあげ，働き手に達成感を得させる，③社会への影響に対処し，社会的責任を果たす，の3点をあげている。そして，さらに時間軸として短期的観点と同時に長期的観点の双方を実践していくべきことを指摘している。

図書館経営と図書館の使命については，すでに触れているが，業

務の生産性向上と働き手の達成感について同時に指摘している点も重要である。利用者によいサービスを提供することにより，図書館員に喜びをもたらす道筋をつけることは，図書館員だけではなく，利用者にとっても望ましいことなのである。

　現場で働くそれぞれの図書館員が最善をつくすことによって達成感を獲得し，そしてそれぞれの最善の総和が全体としての最善につながるようにすることが図書館経営者に求められた課題である。この課題に対して，経営計画の立案・実施を通じて実現させるのが優れた図書館経営者ということになる。

　また，社会への影響に対処し，社会的責任を果たすことも重大である。出版関係者との間に生じた貸出と書籍販売の関係をめぐる論争，あるいは図書館の自由をめぐる種々の事件は，図書館も社会の影響を受ける存在であることを示している。これらの課題は，今後より重大になっていくことが予想される。

　そして，時間軸の問題である。近年の図書館の管理形態では，自治体直営時代のベテランの少数の職員が政策立案を担い，図書館業務についてさまざまな担い手が請け負うという仕組みが採用されることが多い。この場合，短期的には，政策立案について図書館に知識のある自治体職員が担当しているので，NPMで説かれている政策の企画立案と実施施行の分離が実施され，さらに人件費の削減も実行されていることになる。しかし，長期的には，自治体側に図書館について精通した職員がいなくなり，政策立案はきわめて危ういものとなる。つまり，現在の管理形態は短期的な費用の極小化が専ら志向され，長期的な図書館サービスの安定的な提供については疑わしいものがあり，短期的な経営課題と長期的な経営課題の両立を図ったものとは言いがたい。

　以上のように，現実の図書館はドラッカーが指摘するような経営

の務めを果たしているとは言いがたい。図書館に関わるすべての利害関係者が図書館の経営について注意していく必要があるだろう。

> **図書館評価**

さて、日本の公財政では評価の意識が希薄としたが、そもそも評価は、何らかの基準、つまりモノサシをもって対象の価値を測るものである。このとき、モノサシ、あるいは測り方が人によって異なっていては客観的な評価とはいえないので、評価を考えるためには、モノサシと測り方の統一化＝標準化が必要となっており、国内外で規格となっている★（表10-1）。これらの規格の仕様にしたがって評価を行っていけば、独善的な評価は避けられることになる。さらに、いくつかの統計については、全国的に集計が行われ公開されているので、他の図書館との客観的な比較も可能になっている。

ただし、現実の図書館で、これらの標準化された手法を用いた評価を実施するには障害も多い。このうち、図書館統計は、図書館の業務システムに記録される日常業務を集計していくことで得られる、いわゆる業務統計とかなり重なっているので、まだ容易である。しかし、図書館パフォーマンス指標を使用するとなると、業務統計とは別に独自の調査によってデータを収集していく必要性が発生する。また、この種の評価を進めていくためのデータ収集や分析には統計に関する知識が必要となってくる。つまり、測定ばかりでなく、運用においてもハードルが高いということになる。

この結果、現実には業務統計から算出される一部の指標の活用にとどまっていることが多い。とくに公共図書館では、サービスを測る目安として住民1人当たり年間貸出点数（貸出密度という）が採用されることが多い（表10-2）。これは、貸出という特定の要素に着目した指標であり、図書館のサービスすべてを代表したものとは

表 10-1　図書館評価にかかわる規格

規格の種類	国内規格（JIS）	国際規格（ISO）
図書館統計	JIS X 0814	ISO 2789
図書館パフォーマンス指標	JIS X 0812	ISO 11620

表 10-2　評価指標の例（公共図書館）

指標名	計算式
蔵書密度	蔵書数／奉仕人口（自治体住民数）
人口1000人当たり購入冊数	購入冊数／奉仕人口×1000
貸出密度	個人貸出点数／奉仕人口

いえない。したがって，本来はこの指標をもって図書館サービスのすべてを測るのは無理があるが，現実にはこの指標の大小で公共図書館が評価されることも多い。

シンプルな評価は限られた一面のみを過剰に強調することになりかねないが，一方で詳細に評価できるようにしようとすると，一般の人には理解しがたいものになりやすい。一般の利用者にも直感的に理解でき，一方で精密に対象を測ることができる評価の枠組みが求められている。

図書館経営の動向

まず図書館員を軽視する意見が社会のなかで散見される。たとえば，日本の有力私立大学が所属している一般社団法人日本私立大学連盟（私大連）による2021年の提言『ポストコロナ時代の大学のあり方――デジタルを活用した新しい学びの実現』のなかで図書館員について「図書館機能の多様化に伴って，図書館職員に求められる能力も多様化したため，形骸化している」と明言している。その後日本図書館情報

Column ⑩　図書館員と図書館

　図書館にとって図書館員は重要な経営要素であるが，その理解は難しい。まずコレクションがない限り，サービスは成り立たたない。どんなに優れた図書館員がいても，コレクションがない限りよいサービスは提供できない。しかし，本・資料・情報資源がとにかく蓄積さえされていれば，よい図書館になるわけではない。

　筆者は，図書館員と図書館は，乗り手と乗り物の関係，あるいは監督とスポーツチームのように考えている。どんな名騎手でもポニーでサラブレットと競走することはできないし，どんな名監督でもリトルリーグの子どもたちでメジャーリーガーたちに勝つことはできない。騎手も監督も自分だけで勝敗を決することはできないのである。図書館員と図書館も同じような関係であるといえる。

　しかし，このような関係はわかりにくい。常勝チームの監督は，最初から戦力が他を圧倒しているから誰でも勝てると無責任に言われがちである。快適な施設，充実したコレクションさえあれば誰がやっても優れた図書館になるわけではない。そもそも，優れた経営手腕を発揮しなければ，こうした設備やコレクションを維持することはできない。

　図書館員は図書館とまったく切り離されて自らの技量を発揮することはできない。しかし，図書館のパフォーマンスを決するのは，図書館員なのである。

学会の抗議を受けて，多少説明を修正しているが見過ごせない話である。

　また，公立図書館で2003年の地方自治法改正以降進められている指定管理者制度も，図書館経営のあり方として問われるべきものが多数含まれている。このような制度を導入するメリットの1つは，多様な民間企業が複数参入することで，競争が行われて従来にはなかった新しい発想を取り込んでいけるようになることである。しか

し，法律改正から15年経った2018年度時点で公募に応じて申請する事業者数が減少傾向にある。とくに2018年度には申請事業者数が1という公募が全体の7割にのぼっている。指定管理を導入した自治体では1回目はともかく，回数を重ねるごとに，受託業者が固定化する傾向があることは明らかである。

そして，図書館で働く人たちの待遇についても，問題があることが広く知られている。受託業者に勤務する職員，会計年度任用職員といったいわゆる非正規職員の劣悪な待遇については，マスメディアも取り上げるようになり，日本図書館協会も2023年に記者会見を開き，劣悪な状態からの回復を訴えている。これらの状況を見ると，短期的な経営課題と長期的な経営課題の両立を図られておらず，「業務の生産性をあげ，働き手に達成感を得させる」とは到底言えない状況になっていることは明らかであり，図書館経営の持続可能性について大きな懸念がある。

★ 用語解説

動　　線　建物・都市・地域等における人や物の動きを図面上に示す線。動線に外れた施設は利用されない，重要な動線が交差すると混雑する等の問題が発生するので，建築設計や都市計画では重要である。

文字・活字文化振興法　文章の読み書きによって営まれる精神活動を文字・活字文化と捉え，その振興を図ることを目的としている。2005年の郵政国会に全会一致で成立。振興策の手段として公立・学校図書館に関する記述がある。

著 作 権 法　著作者の権利保護によって文化の発展を目指す法律。自由な資料の利用によって文化の発展に寄与することを目的とする図書館とは調整が必要な場面も多い。複写・貸出・障害者サービス等，参照しなければならない箇所が多い。

Ｎ Ｐ Ｍ　New Public Management の略。民間の手法を導入し，公共

部門の経営能力を高めようとする考え方。日本が手本としたイギリスでは，結果主義・市場メカニズムの活用・顧客中心主義に特色があるが，日本では顧客中心主義がやや薄まっている。

規　　格　　工業分野を中心に標準的に使用されるよう確立された仕様を指す。国際規格あるいはデファクト・スタンダードが用意され，全世界で汎用的に利用されることが多い。国際規格化は工業製品だけでなく，用語・抽象的概念等でも行われている。

 読書案内

クーンツ, C., グビン, B. 編（山本順一監訳）『IFLA 公共図書館サービスガイドライン──理想の公共図書館サービスのために 第2版』日本図書館協会, 2016。
　　原書は国際図書館連盟の公共図書館分科会のなかに設置されたワーキンググループによって作成されたもので，さまざまな発展段階にある世界の図書館の役割と目的，法制度と財政的枠組み，サービス運営，情報資料の管理，人事管理，マーケティングなど，世界各国の具体的事例を紹介しながら図書館経営の全体についてのグローバルスタンダードを示している。

田辺智子『図書館評価の有効性──評価影響の理論を用いた実証研究』明石書店, 2021。
　　従来，算術的な経験則でよしとされてきた図書館経営であるが，科学的分析対象とする研究も増えてきている。ここでは，評価という行為そのものに踏み込んだ図書館評価に関する大部な研究書として紹介する。

引用・参考文献

ドラッカー, P.（有賀裕子訳）『マネジメント──務め，責任，実践Ⅰ』日経BP社, 2008。

第11章 図書館員になるということ

戦後,慶應義塾大学に設置されたジャパン・ライブラリースクールの教員たち
（[提供] 慶應義塾図書館）

　この本を読んでいるあなたは,「司書資格を取って,図書館で働きたい」と考えている大学生だろうか。それとも通信教育や司書講習の受講生なのだろうか。これから司書資格を取ることを検討している,高校生や社会人なのかもしれない。　図書館法に定められた国家資格の1つである司書資格は,建前としては日本の図書館で働ける能力を保証するものである。この資格があれば,日本の図書館に就職でき,ずっとその仕事を続けられるに違いない,とシンプルに自分のキャリアパスを描くことができるのか。一緒に考えてみよう。

この章では，まず，司書資格の成り立ちを，日本の図書館員養成教育の歴史から説明する。次に戦後日本の図書館員養成に大きな影響を与えている，アメリカの図書館員養成教育の歴史を紹介する。続けて，日本の制度的枠内で司書資格を取得する方法，図書館員の労働市場，司書という職務の社会的認知度，専門職としての司書職制度，さらにはリカレント教育について述べる。なお，司書資格は法的には公共図書館員を念頭に置いたものである。だが，他の館種には相当する資格が制度化されておらず（司書教諭は図書館業務をもっぱらとするとはされず，司書教諭の資格を備えた教諭の充て職とされる），従来，日本では司書資格は館種を越えた図書館員に共通する資格と考えられてきた。

1 日本の図書館員養成教育の歴史

戦　前　1892（明治25）年，国内の25人の図書館員によって，日本文庫協会（のちの日本図書館協会〔JLA〕）が設立された。図書館員の交流が始まり，やがて図書館業務に関する講習会が開かれるようになった。1899（明治32）年には**図書館令**が公布され，公共図書館の設置が奨励された。すると，日本の公共図書館は1920（大正9）年には1669館まで急増し，図書館員の養成は緊急の課題になった。

　日本にはじめてできた図書館員養成の教育機関は，1921（大正10）年，東京・上野に設けられた文部省図書館員教習所である。修業年限1年（40週。授業は週30時間），入学資格は中等学校卒業以上，男女共学で，授業料は無料であった。

　1933（昭和8）年に図書館令が改正され，図書館に館長，司書お

よび書記を置くことが定められた。同時に公立図書館職員令も改正され，司書検定制度を設け，検定試験の合格者は学歴がなくても，奏任待遇（高等官待遇）の道が開けると規定された。1937〜43（昭和12〜18）年の間に，検定試験は7回行われ，170人中113人が合格し司書資格を与えられた。しかしそのほとんどは，図書館員教習所が名称を改めた図書館講習所の卒業生であった。この検定試験は社会に定着することなく，戦争の激化によって廃止された。

第2次世界大戦後 　1945（昭和20）年に第2次世界大戦が終わると，日本はアメリカを中心とする連合国軍の占領下に置かれ，アメリカ型の民主化が推し進められた。図書館界の民主化も進められ，1950（昭和25）年には占領軍による指導のもとで図書館法が制定された。

　司書講習★は，当時の現職図書館員の再教育を主たる目的として，この図書館法の定めにしたがい，実施されるようになった。この司書講習のために定められていたカリキュラムを，大学の司書課程もまた準用した。2008（平成20）年に図書館法が改正されるまで，履修学生はそれを学んで司書資格を取得してきた。

　1951（昭和26）年には，占領軍の関与のもとに専門職図書館職員の養成を任務とするジャパン・ライブラリースクールが慶應義塾大学に設置された。図書館講習所は戦後，図書館職員養成所となり，1964（昭和39）年に図書館短期大学に改組され，1979（昭和54）年には図書館情報大学（現在の筑波大学情報学群知識情報・図書館学類）となった。

第11章　図書館員になるということ

2 アメリカの図書館員養成教育の歴史

　アメリカの図書館員養成については,いくつかの時期に区分できる。①メルヴィル・デューイ(第1章用語解説参照)によるプロフェッショナルスクールの開始,②アメリカ図書館協会(ALA)のライブラリースクールの認定へとつながるウィリアムソン報告★,③図書館学から図書館情報学へ,そしていまや広く情報学ないしは情報科学に糾合され,その核の1つに位置づけられようとしているように思われる。デジタルヒューマニティーズという新興の学術領域とも密接にかかわっている。ここでは,ライブラリアン養成教育に焦点を当て,その専門職性の本質について思考をめぐらせることにしたい。

デューイとコロンビア大学

　19世紀後半,アメリカの各地に公共図書館,大学図書館が急速に整備されるなかで図書館員の求人が増大し,デューイはそれまでのOJT(on the job training:職場内訓練)とは異なる,学校教育制度を利用した図書館員養成に乗り出した。1887年,コロンビア大学図書館長に招かれたデューイは,キャンパスの片隅に**図書館員養成機関**(School of Library Economy)を開設した。彼はそこで,目録分類作業の知識とスキル,本の出納,貸出など図書館業務の基礎を学生に教授した。彼の育てた高弟たちは図書館現場の幹部職員だけでなく,各地の図書館員養成機関の教員となり,当時のアメリカ社会が求めていた図書館員を輩出した。もっとも,デューイがコロンビア大学を追われてからは,図書館員養成機関としては専門学校

や大都市の公共図書館に付設されたトレーニングクラスが主流をなした。

> **ウィリアムソン報告**

19世紀後半から20世紀初頭にかけてのアメリカ国内の公共図書館の急速な整備には，鉄鋼王アンドリュー・カーネギー（Andrew Carnegie, 1835-1919）の貢献がきわめて大きい。彼は，出身地のスコットランドとアメリカに2500を超える図書館を寄贈した。しかし，カーネギー財団は物理的に公共図書館を整備するだけでは十分な社会的・教育的機能を発揮できないことを悟り，図書館員養成教育の実態とあり方についての検討を，当時ニューヨーク公共図書館経済学・社会学部門主任を務めていたチャールズ・C. ウィリアムソン（Charles Clarence Williamson, 1877-1965）に依頼した。彼は，その報告書（1921, 23年）のなかで，養成教育の場を大学へ移し，理論と実習を内容とする制度の実現を提言した。

これを受け，カーネギー財団はALAに助成金を交付，ALAは図書館学教育委員会を設置し，1926年にライブラリースクールの認定作業を開始した。また，カーネギー財団は図書館とその業務を科学する場としてシカゴ大学に図書館学の大学院課程を設置することを促し，1928年に世界ではじめての博士課程まで置くライブラリースクールの実現を支援した。

アメリカの図書館員養成は，ALAの認定制度を中心に行われることとなった。当初は学部課程で行われ，通常の学士号（BA）とは別に5年めに学ぶ2つめの学士号ということで，5th year degreeと呼ばれた。やがてデンバー大学がその課程を大学院修士課程に移したことが契機となり，アメリカでは図書館員養成教育は修士号（MLS）を発給する専門職大学院で行われることになった。この仕

組みは今日まで変わるところがない。

　もっとも，一方で他の学問分野と同様，博士課程が整備され，1960年代以降，図書館学教員もまた研究業績が重視されるようになり，博士号（Ph. D.）保有が一般的となった。カリキュラムやコースの整備が進められ，1970年代には主題専門性を兼ね備えたサブジェクトライブラリアンの養成が目指され，他方，情報を検索する計算機の開発など，ドキュメンテーション分野での研究が進んだ。

図書館学から図書館情報学へ

　膨大な書誌データと関連する業務をもつ図書館を対象とする図書館学は，情報処理の機械であるコンピュータとの親和性が強く，図書館学は早い時期に情報科学との融合の道を歩んだ。1980年代にはライブラリースクールの名称が図書館情報学へと変更されることが広く行われた。やがて高度情報社会の到来に対し，生き残りをかけるライブラリースクールのなかには「図書館」の冠を外すところも出てきた。このような動きに対して，1979年にケースウェスタンリザーブ大学のジェシー・H. シェラ（Jesse Hauk Shera, 1903-82）は，情報科学にはない，図書館学固有の領域に目を向けるよう警告を発した。しかし，カリキュラムの重点は次第に図書館学から情報技術系へと移り，さらにインターネットの普及が情報技術偏重に拍車をかけた。現在では，インフォメーションスクールと呼ばれるところが少なくない。

アメリカの図書館員の実態

　2023年現在，アメリカの図書館で働く職員は約25万2300人おり，うち14万6500人が修士号を取得している専門職ライブラリアンで，平均年間給与は6万8570ドルとされる。ほかに準学

士（associate degree in library science）をもつパラプロフェッショナルがいるが，公共図書館の場合，館長など管理職の登用条件として図書館学修士号を課す州が多い。また，とくに西部では，州立図書館が講習や試験によりライブラリアンを個別に認定している州もある。学校図書館の場合は，教育職員免許の取得を前提として，各州の定める認定基準にしたがう。

　情報のデジタル化が進むなかで，大学図書館ではライブラリアン不要論も囁かれるが，一方で情報技術系の研究者で図書館学を修めておらず，図書館の現場経験もない，ライブラリースクール専任教員の増加が問題になっている。この問題は，1999年の専門職教育会議でライブラリアンの専門性を明確にするよう求められたALAが「ライブラリアンの専門的能力」を明文化する過程でもちあがった。2009年に"ALA's Core Competences of Librarianship"最終版（2022年に最新版）が公表されたが，その内容は，情報を標榜するアイスクール（i-schools）のなかでも専門職ライブラリアン養成というキャリア教育を担うライブラリースクールが，そのカリキュラムについては，さまざまな変遷の歴史をもつ図書館や情報センター固有の科目・領域を重視していることを明確に示している。

3 日本の図書館情報学教育と図書館員の労働市場

　戦後，日本はアメリカを中心とする連合国軍の占領下に置かれ，1950（昭和25）年にはその指導のもとで図書館法が成立した。その際アメリカは，日本の司書の資質と地位の向上のために，大学で養成教育を行うことと，現職者には講習による再教育を行い，資格を取らせるよう指導した。

そのため図書館法では、司書・司書補※の定義、資格取得の方法、講習について定めており、これが日本における図書館員養成教育の方法を示している。すなわち司書については、①大学の卒業に加えて、大学において省令科目を履修、②大学または高等専門学校を卒業し、司書講習を修了、③司書補または司書補相当の職で3年以上勤務の現場経験に加えて、司書講習を修了、を要件としている。司書補については、①司書の資格を有する者、②大学に入学することのできる者で司書補の講習を修了、となっている。

表11-1　図書館法施行規則に定められた諸科目

群	科目	単位数	
必修科目	生涯学習概論	2	22
	図書館概論	2	
	図書館制度・経営論	2	
	図書館情報技術論	2	
	図書館サービス概論	2	
	情報サービス論	2	
	児童サービス論	2	
	情報サービス演習	2	
	図書館情報資源概論	2	
	情報資源組織論	2	
	情報資源組織演習	2	
選択科目	図書館基礎特論	1	2
	図書館サービス特論	1	
	図書館情報資源特論	1	
	図書・図書館史	1	
	図書館施設論	1	
	図書館総合演習	1	
	図書館実習	1	

2008（平成20）年の図書館法改正によって、司書資格を付与する図書館情報学教育は、第一義的には大学教育の枠内で行われることになった。図書館法施行規則に定められた司書資格取得に必要とされる科目群（表11-1）も大学を念頭に置いたものとなっており、司書講習はこれに準拠するものとされた。従来の司書講習と大学教育との主客の関係が逆転したのである。

司書と司書補の大きな違いは、司書には大卒要件が課され、司書

補は高卒（相当）以上であれば取得できることである。しかし司書補の資格取得後，3年以上の図書館勤務の経験を前提に司書講習を修了すれば，大卒でなくても司書資格を取得することができる。だが司書補の資格取得の道は，夏期に全国のいくつかの大学で実施される司書補講習しかない。

現在，司書資格を取得する人の多くは，大学の司書課程で学んでいる。司書資格は図書館法で定められた国家資格であるが，資格認定のための国家試験はなく，図書館実習も必須ではない（必修科目にしている大学もある）。2024年4月現在，4年制大学152，短期大学（部）40，合計192校で司書資格が取得できる。大学等の通信教育でも司書資格を取得できるところがある。ちなみに，日本では，大学と司書講習で毎年新たに1万人以上がこの資格を取得している。

現在の司書の資格取得に必要とされるカリキュラムは2009（平成21）年に改訂され，2012年度から実施されている。必修科目が11科目（22単位），選択科目が7科目（2科目2単位の取得が必要）あり，資格取得には合計13科目24単位が必要とされているが，大学によって科目名称や資格取得に必要とされる単位数は異なっている。

司書資格とキャリアパス

公共図書館員に求められる司書資格だが，この資格を保持していても図書館への就職は難しい。日本経済の失速からあらゆる職種や職業で就職が困難となったなかで，図書館もまた窮状にある公財政を背景に，正規職員の新規採用がきわめて少ない。その一方で，現実には，司書・司書補の資格をもたずに図書館で働いている人が少なくない。「日本の図書館統計」2023年の統計値によると，日本の公共図書館の専任職員（9366人）の47%（4404人）は司書もしくは司書補の資格をもっておらず，他の部署との異動が広く行わ

Column ⑪　他に尽くして自分は消耗する

　図書館員に最も必要な資質とは，なんだろうか。図書館員にとって情報資料に関する知識とスキルも当然大切であるが，筆者には，最も必要な資質はホスピタリティ（hospitality）であると思われる。おもてなしの心，人に喜んでもらいたいと思うサービス精神。図書館員は利用者が喜んでくれた瞬間に，職業人としての誇りと喜びを感じるものなのである。

　図書館員は，常に利用者が望むものを考え，それを用意して図書館で待ち構えている。どこにどんな図書館を建てたら，気軽に立ち寄ってくれるだろうか。どんな図書館家具を入れたら，くつろいでくれるだろうか。この図書館の利用者になってくれる人たちは，どんな資料を喜んでくれるだろうか。図書館計画のスタート時点から，開館後の日々の書架整理，カウンターでの応対まで，利用者を思う気持ちがなければ，よいサービスは提供できない。図書館員がいつも向き合っているのは，棚に並ぶ本や雑誌ではなく，利用者の図書館への期待なのだ。それに応えたい，それ以上のものを提供したいという気持ちがホスピタリティである。だから，利用者にとって居心地がよく，快適な空間を提供する図書館は，図書館員のサービス精神でできている。

　「本が好きだから図書館員になりたい」という人は多い。でも，ちょっと立ち止まって考えてほしい。「図書館員になって，本が自分に与えてくれたものを，他の人にも手渡したいから」と考えるなら，あなたはきっとよい図書館員になれる。でも，「私が本を読みたいから」という理由なら，もう一度考え直したほうがいい。「私は人が嫌いだから」という理由で本に逃げこんでいるなら，図書館の仕事はあきらめたほうがいい。同じく情報を生業とする仕事でも，研究者とは異なり，図書館員は資料と人を結ぶ「接客業」であり，利用者が喜んでくれる顔が見たい，という気持ちがなければ務まらない。しかも，自由に図書館にやってくる利用者にとどまらず，貧困や高齢，身体的事情その他から図書館にみずから赴けない人たちには図書館から手を差し伸べることが望まれる。インターネットなどの情報通信手段の利

> 用もいとうてはならない。
> 　1820年に『図書館員の教育』を著したドイツのフリードリヒ・アドルフ・エーベルト（Friedrich Adolf Ebert, 1791-1834）は，父から教えられた教訓を館長として忠実に実行し，王立ドレスデン公開図書館の名声を高めた。その教訓とは「他に尽くして自分は消耗する」。非常に含蓄のある言葉である。図書館員とは，人に尽くして自分は消耗する仕事，まさにホスピタリティとサービス精神による仕事なのだ。

れている。一方，身分が不安定な非常勤や臨時職員，委託・派遣の職員はフルタイム換算で3万3160.1人に達する。日本においては，先進諸国のなかでもめずらしく図書館員の専門性が認められていない。そのため司書職制度が確立されておらず，司書を専門職種として採用試験をするところはきわめて少ない。もっとも，日本は専門職大学院でライブラリアンを育てる仕組みをとっていない。司書資格の内容は図書館情報学の基礎にすぎず，この資格は図書館で働く場合の入口の資格でしかない。

　なお，学校図書館法が2014（平成26）年に改正され，2015年度から学校図書館に学校司書を置くことが努力義務となった。同法の附則により，国は学校司書の資格と養成のあり方を検討し，2016（平成28）年10月に『これからの学校図書館の整備充実について（報告）』をまとめた。その報告のなかで，「学校司書のモデルカリキュラム」が示され，2017年度から一部の大学でこのカリキュラムによる学校司書の養成教育が始められた。しかし学校司書は新たな資格にはならなかった。

図書館員のリカレント教育

時代の変化に応じて，図書館員に求められる知識とスキルもまた高度化していく。

2008（平成20）年図書館法改正の際，「司書及び司書補の研修」という条文見出しをもつ7条が新設された。そこでは，「文部科学大臣及び都道府県の教育委員会は，司書及び司書補に対し，その資質の向上のために必要な研修を行うよう努めるものとする」とある。従来も，現職者の研修プログラムとしては，国立教育政策研究所の社会教育実践研究センターによる図書館司書専門講座や，文部科学省が主催する図書館地区別研修，日本図書館協会の中堅職員ステップアップ研修などのほか，それぞれの地域で都道府県立図書館などが主催するものがあった。日本図書館協会（JLA）は，2010年度から認定司書制度★を始めている。ほかにも，現職図書館員の知識とスキルをリフレッシュするリカレント教育，継続教育として，社会人が大学や大学院の図書館情報学プログラムで学び直すこともある。日本でも，図書館で働く人たちのなかに修士号や博士号を目指す人たちは少なくない。

どの分野の研修もそうであるが，最近では，ウェビナー（Webinar）と呼ばれる，インターネットを通じた実務研修が行われるようになってきている。ぎりぎりの予算とマンパワーで運営されている図書館にとって，旅費宿泊費も含め無料で参加できる研修であるウェビナーの効用は大きい。OCLCのような外国の機関にとどまらず，日本の国立国会図書館でも「遠隔研修」という名称でウェビナーが行われている。

★ 用 語 解 説

日本図書館協会（Japan Library Association：JLA）　1892年3月，25人の図書館員によって結成された。アメリカ，イギリスに次いで

司 書 講 習　　本来は現職の図書館員に，司書資格を取得させるために用意された，主に夏季の2カ月ほどを使って大学で行われる講習。大学が文部科学大臣の委嘱を受けて行う。

司書・司書補　　図書館法で定められた，公共図書館に置かれる専門的職員である。司書は図書館の専門的事務に従事し，司書補がそれを助ける。

認定司書制度　　日本図書館協会が，2010年度から始めた制度。図書館での実務経験や，実践的知識・技能を継続的に修得した司書を審査し，図書館経営の中核を担いうる司書として公的に認定する。

 読 書 案 内

塩見昇・木下みゆき編著『新編 図書館員への招待 補訂版』教育史料出版会，2022。
　司書をめぐる状況と仕事内容，資格の取得と必要な科目，採用試験の仕組みと現状，学習・研鑽を深めるための基本文献ガイドや研究団体の紹介，図書館学を学べる大学の募集要項など，司書になるための基本知識と最新情報。司書採用試験問題例も収録。

埜納タオ『夜明けの図書館』1～7，双葉社，2011-2021。
　架空の公立図書館を舞台に，新米司書の"葵ひなこ"が，レファレンスサービスを通じて利用者や同僚とふれあい，成長していく。双葉社ジュールコミックスから，全7巻刊行。

引用・参考文献

井上靖代「司書養成・研修・採用」国立国会図書館関西館図書館協力課『米国の図書館事情 2007――2006年度国立国会図書館調査研究報告書』国立国会図書館関西館図書館協力課，2008。

井上靖代「アメリカの図書館は，いま。(46)――図書館員として求められる専門的能力」『みんなの図書館』(400)，pp. 73-78，2010a。

井上靖代「アメリカの図書館は、いま。(47)――図書館員に求められる専門的能力 その2」『みんなの図書館』(401), pp. 55-60, 2010b。

竹内悊「わが国の図書館学教育 1892-1955」日本図書館学会研究委員会編『図書館学の教育』日外アソシエーツ，1983。

松崎博子「ウェスタン・リザーブ大学ライブラリー・スクールの歴史 1904-52年」『図書館文化史研究』(25), pp. 47-74, 2008。

松崎博子「ウェスタン・リザーブ大学ライブラリー・スクール『シェラ時代』(1952-70年) のカリキュラムの変化」『図書館文化史研究』(27), pp. 79-118, 2010。

宮部頼子「米国の図書館情報学教育」『情報の科学と技術』40 (5), pp. 312-320, 1990。

《ウェブページ》

「司書養成課程（図書館に関する科目）開設大学一覧（令和6年4月1日時点）」文部科学省ホームページより。

「日本の図書館統計」日本図書館協会ホームページより。

「認定司書事業委員会」日本図書館協会ホームページより。

「令和6年度司書及び司書補の講習について」文部科学省ホームページより。

第12章 知的自由と図書館の自由

(© 有川浩 / アスキー・メディアワークス / 図書館戦争製作委員会)

　上図は，2020年6月時点で，単行本と文庫本の累計発行部数が640万部を超えているベストセラー，有川浩のエンターテインメントノベル『図書館戦争』シリーズを原作とする2008年に放映されたテレビアニメのイラストである。言論を体制内在化させようとする「メディア良化法」をめぐってのメディア良化委員会と図書隊の武力闘争を描いた作品である。この荒唐無稽に思えるストーリーは，表面的にはまったくのフィクションであるが，意外にも日本の現体制の抱える心理的傾向の一部を平易かつ素朴な形で指摘している。この架空のストーリーの根幹にあるのが「図書館の自由」という理念にほかならない。一緒に考えてみよう。

1 愛国者法と図書館

　2001年9月11日，アメリカで旅客機4機がハイジャックされた。これらの旅客機は，ニューヨークの世界貿易センタービルやワシントンDCの国防総省のビルに突入，激突し，3000人を超える犠牲者を出した。この9.11事件の惨禍は，アメリカ社会に多くの点で変容を迫った。連邦議会は，イスラム原理主義者が引き起こしたテロに対抗し，今後の組織的テロ活動を予防・鎮圧するべく，6週間後の10月26日，十分な審議をすることなく愛国者法★（USA PATRIOT Act）を可決成立させた。この連邦法は，テロ活動に対する犯罪捜査とその予防のために既存の関係法を改正し，迅速で効果的な社会防衛実現の仕組みを目指した。中東，北アフリカのイスラムと英米等の紛争激化を経て，その後，愛国者法は2015年5月末日に失効した。また，E. J. スノーデン（1983-）の連邦政府による広汎な国民監視活動のリークを契機として，同年6月2日には「米国自由法」が成立して，捜査機関が裁判所の令状なしで不特定多数から情報を集めることを禁止する条項や，令状発行の手続きを透明化する条項が盛り込まれ，アメリカ国家安全保障局（NSA）が外国人やアメリカ国民の電話通信記録などを無制限に収集してきた活動に一定の制限がかけられることとなった。

　愛国者法の成立は，関係捜査を円滑に進める便宜を与えるための手段の1つとして，連邦捜査局（FBI）に対し，市民の書店での図書や雑誌の購入事実や図書館利用者の資料の閲覧や貸出の記録のほか，電子メールやウェブページの閲覧履歴など，館内に設置されているインターネット接続端末の利用事実に関する情報を図書館と図

書館職員から入手する権限を与えた。そこでは，通常，犯罪捜査に必要とされる裁判所が発給する正式な令状ではなく，捜査に都合のよい略式の手続きでよいとされた。しかも，図書館側はFBIの捜査員が接触し，利用者の利用事実に関する情報提供が求められたということを決して口外してはならないという法的義務も課されたのである。

アメリカには国家安全保障措置とプライバシーなど市民の権利とのバランスを重視する思想がある。愛国者法に対しては，アメリカの多くの地方公共団体の議会が反対の決議をし，またアメリカ図書館協会（ALA）をはじめアメリカの図書館界も反対運動を展開した。9.11事件の実行犯のリーダー，モハメド・アタはフロリダ州の公共図書館に設置されていたインターネット接続端末を利用し，電子メールで仲間と連絡を取り合ったとされている。特定の図書館利用者の極端な逸脱行為があったにせよ，また今後もわずかとはいえ，そのような秩序破壊的な行為発生の懸念があるにもかかわらず，アメリカの社会と図書館界が愛国者法に対して強硬に反対の声をあげた背景には，長年にわたってアメリカ図書館界が育ててきた「知的自由」という専門職規範（professional code）がある。

2　「知的自由」という概念の系譜

図書館の権利宣言

第1次世界大戦後の1930年代，海外ではナチスドイツが台頭し，アメリカ国内でも大恐慌を経験し，不況とファシズムへの対抗もあって保守的な求心力が働く社会的背景のなかで，ジョン・スタインベック（John Steinbeck）の『怒りの葡萄』（*The Grapes of Wrath*）が社会的注目を集

めた。農地を奪われた小作農が社会の底辺で生きながらえようとする資本主義世界の過酷な一面を見事に描いたこの作品は、人々の深い共感を呼んだが、その一方で、大いなる反発をも引き起こし、忌み嫌う人たちも少なくなかった。彼らは、図書館所蔵の『怒りの葡萄』の廃棄、禁書まで働きかけた。ALA は、このような動きのなかで、1939 年に「図書館の権利宣言」を採択した（同じように「図書館の権利宣言」と邦訳するが、1939 年に採択されたものは Library's Bill of Rights で、1948 年以降は Library Bill of Rights である）。この宣言の冒頭には、「現在、世界各地で不寛容、言論の自由の抑圧、検閲の風潮が拡大しており、少数者や個人の権利に影響を与えている」との認識が示された。そこでは、①著者の人種や国籍、政治的な主義・信条、宗教的価値観等にとらわれず、中立的な立場で資料選択をすること、②論争的なトピックについては、いずれか一方の見解に与(くみ)する資料を優先することなく、すべての考え方を個々に表現した対立する資料を収集すること、③図書館は主義主張の対立状況をコレクションに反映させるもので、いずれの資料を利用しどのような思惟を深めるかは利用者にゆだねるという姿勢をとることを確認したのである。このように、「図書館の権利宣言」は、当初は資料選択のガイドラインとして機能すべきものであった。

市民の「知る権利」の保障

第 2 次世界大戦後、アメリカでは、1948 年の「図書館の権利宣言」の改正によって、同宣言はコレクション形成上の資料選択基準としての性格に加え、その偏りのないコレクションを利用する市民の基本的人権の保障としての性格が意識されるようになった。図書館は、利用者市民に対して、連邦憲法修正 1 条が保障する「表現の自由」を行使する前提としての森羅万象あらゆる事柄、古今東

西の多様な思想家のさまざまな思潮にふれ,知る権利を保障する公的機関として再構成されることになったのである。

そのような基本的位置づけは今日においても変わるところがないが,第2次世界大戦ののち,ほどなくして世界は資本主義と共産主義との二大勢力が対抗する冷戦構造を出現させた。共産主義・社会主義の影におびえたアメリカでは1950年代に狂信的なマッカーシー旋風が吹き荒れた。連邦忠誠プログラムという「踏み絵」により,多くの有能な人たちが公職を追われた。図書館という職場も同じ嵐に見舞われ,不偏不党を称揚する「図書館の権利宣言」を信奉する人たちは居づらくなった。多くの場合,資本主義に対立するものの見方として図書館に備えられなければならないはずの共産主義文献等は資料選択の対象とはされなかった。そのような状況を憂う図書館員や出版者たちを中心として作成された「読書の自由宣言」(Freedom to Read Statement) が1953年のALA年次大会で採択された。

| 実質的人種差別の否定とアウトリーチサービスの実施 |

多民族国家アメリカの暗黒の側面の1つは,黒人差別の問題である。図書館を含む公共施設は,白人用のものと同等な黒人用のものを整備・提供すれば人権保障の点で問題はないとされていた。この「分離すれども平等」(separate, but equal) という長きにわたって維持された憲法法理に公然と疑いが投げかけられるようになり,1954年には連邦最高裁判決 (Brown v. Board of Education of Topeka, 347 U.S. 483) が憲法違反と決めつける判断を下した。白人と黒人の図書館利用における分離も違憲と判断され,1961年には「図書館の権利宣言」が改正され,図書館の利用に関する人種・宗教・政治的見解による差別を否定する文言が加えられた。1960年代には,図書館の利用圏域内に居住しながらも,教育歴や家庭的な事情,貧

困など社会経済的な状況によって図書館が利用できない子どもや成人たちに対して，大都市圏の中心に位置する図書館では地域の分館等を通じて積極的に図書館資料と図書館の利用を働きかけるアウトリーチサービス（第4章用語解説参照）の実施に力が注がれた。この活動は「図書館の権利宣言」が求めるようになった図書館利用の実質的平等を図るものと位置づけることができる。

　1967年には，図書館は年齢や社会的見解を理由に図書館利用者を差別しないことを「図書館の権利宣言」の改正で明らかにした。原則的には，子どもだからといって大人と異なる図書館サービスの提供が許容されるわけではなく，インターネット利用においてもフィルタリングソフトの導入を当然のこととはしていない。

　現行の「図書館の権利宣言」は2019年に改正されたものである。その冒頭において「すべての図書館が情報や思想のひろば（the forums of information and ideas）である」と述べられている。アメリカの「図書館の権利宣言」の発展の系譜は，図書館は合理的な資料選択基準に基づき，内容やその著作者によって差別せず，できる限り広汎な資料を収集するとともに，利用者の属性によって差別することなくあらゆる市民を図書館利用に招き寄せようとしてきたことが理解できる。1990年代以降，図書館の業務とサービスにインターネットが広く利用されるようになってもそのことに変わりはない。アメリカの図書館界は，「図書館の権利宣言」を指針として，検閲や禁書を拒否し，利用者の「知る権利」と「表現の自由」を尊重し，市民の情報共有の障害になるものを排除するべく，外部の社会的勢力と協力し，ときには法廷闘争にも取り組んできたのである。

　インターネットはSNS等の発達を促し，図書館と利用者のコミュニケーションをオープンなものとした。しかし，SNSへの差別や偏見等の書き込みが横行するなかで，プラットフォーム事業者がそ

の監視に努めているのと同様に,図書館がこれらをチェックする際の指針となっているのも「知的自由」の思想である。

3 日本における「図書館の自由」

　日本の図書館界には,忌まわしい過去がある（と一部の人たちは信じている）。実際にどの程度の効果を発揮したかは別として,戦前において図書館が天皇制ファシズム国家の「思想善導」の先兵となったという過去があり,そのような歴史的経験を背景として,日本でもアメリカの「図書館の権利宣言」をなぞる形で1954（昭和29）年に「図書館の自由に関する宣言」がまがりなりにも採択されることになり,今日に至っている。いきさつを以下に述べる。

戦後日本の「図書館の自由」

　アメリカを中心とする占領軍に先導された戦後日本の図書館の世界の本格的再建は,1950（昭和25）年の図書館法の制定・公布を画期としてよいだろう。しかし,この時期は必ずしも社会的に安定した時期ではなく,多くの事件や出来事が継続して発生し,不穏な空気が日本社会の底辺を流れていた。図書館法成立の翌月には,朝鮮戦争が勃発し,8月には,今日の自衛隊につながる警察予備隊が編成され,再軍備への地ならしがなされた。翌1951（昭和26）年にサンフランシスコ講和条約が締結され,同時に日米安全保障条約も調印され,日本はアメリカの衛星国家の1つに組み込まれた。東西対立の冷戦構造に放り込まれた日本では,1952（昭和27）年には,戦前の治安維持法を彷彿させる破壊活動防止法案が国会に上程された。これに対して国民のなかに広範な反対運動が起こり,死者2人,

1500人を超える負傷者を出した血のメーデー事件も起きた。

その1952年,図書館の世界にも,戦前の特高警察を彷彿させる政治警察・思想警察が再び姿を明らかにした。「進歩的文化人」を囲む座談会の開催を前に警察官が令状なく立ち入り,担当司書の机のなかを権力的に捜索するという秩父市立図書館事件が発生したのである。

「図書館の自由に関する宣言」の採択

この事件を直接の契機として,日本の図書館の関係者の間で,アメリカの「図書館の権利宣言」を念頭に置きつつ作成されたのが「図書館の自由に関する宣言」の草案であり,1954年5月に東京で開かれた全国図書館大会で採択された。しかし,すんなり可決されたわけではなかった。最終的に合意に至ったのは,「資料収集の自由,提供の自由,不当な検閲に反対する」という3カ条の簡潔な文言だけであった。当時の図書館界のリーダーの1人,有山崧(たかし)は破防法制定のような体制的動きに眼を瞑(つむ)り,「図書館は一切の政治や思想から中立であるべき」だと発言したと伝えられる。構造変動を放置しては,そこから発生する図書館への外部からの容喙(ようかい)と自主規制に対抗し,図書館の自立と自律,および利用者の「知る権利」確保のための主体的な資料収集と情報提供が危うくならないとの保障を得ることはできないはずである(このような政治状況追従の姿勢はいまも日本の図書館の世界に残っているように思われる)。

もっとも,なんとか日の目を見た「図書館の自由に関する宣言」であるが,しばらくはお飾りにすぎず出番はなかった。というのは,まだ戦後復興の過程では,公的資金は主として産業振興と生活基盤の整備に振り向けられ,公共図書館整備にまでは回らなかったからである。「図書館の自由に関する宣言」という業界規範が適用され

るには図書館の数が少なすぎたのである。

公共図書館の普及過程における図書館の自由

状況を変えたのは，日本の経済が右肩上がりの軌道に乗った1960年代という時代に発表された通称「中小レポート」（『中小都市における公共図書館の運営』）であった（日本図書館協会，1963）。この「中小レポート」には，積極的に貸出サービスを展開する新たな図書館像が示されており，これを契機に，地域住民の要望を受けて，日本の各地に次々と公立図書館が新設されていった。

ところが，この頃，図書館現場の出来事ではなかったが，1967年に練馬図書館テレビドラマ事件が話題となった。図書館の貸出記録が容疑者の絞込みに大きな役割を果たすなど犯罪捜査に積極的に利用されるという筋書きであった。その後もこのようなストーリー展開は少なくないのであるが，このドラマについては製作時点で図書館関係者の耳に入り，放送局側に抗議することにより，シナリオが改められた。この事件の焦点は，資料収集，情報提供，検閲にかかわることではなく，図書館利用者の貸出記録という個人情報，プライバシー情報に関係することであった。この事件をきっかけとして，日本でも関係者の間で市民の図書館利用にかかわる個人情報が明確に意識されることになり，1979年に「図書館の自由に関する宣言」が改正され，「図書館は利用者の秘密を守る」という条項が加えられた。

全域サービスと児童サービスの重視を説き，公共図書館のいっそうの拡大・整備に向けてのバイブルとなった『市民の図書館』（日本図書館協会，1970）が公刊された1970年代には各地に図書館が新設され，市民生活に不可欠な施設として浸透していった。ところが，ほどなくして「偏った」資料収集・提供を抑止しようとする「図書

館の自由に関する宣言」に反する事件が発覚した。1973年に,新館建設の際,図書館の幹部職員が住民運動や反体制的な資料,現秩序を批判する(と見られなくもない)資料を箱詰めにして隠した山口県立図書館事件が明るみに出たのである。こうして,「図書館の自由に関する宣言」は,図書館とその周辺で発生したもろもろの事件を通じてその理念が鍛えられ,実体化していくことになる。

社会的差別と「図書館の自由」

1976年,名古屋市において,ある市民グループが,世界の子どもたちに広く読み継がれてきた『ピノキオ』に身体障害者や視覚障害者に対して心ない表現があることを指摘し,出版社に対して回収と出版の差止めを求める運動を展開しただけでなく,図書館所蔵の『ピノキオ』の閲覧・貸出の中止を迫るという事件が起き,大きな社会問題となった。この事件では障害者をめぐる差別問題であったが,やがて障害者にとどまらず社会的差別一般について,日本の図書館が真剣に対応することが求められるようになる。1988年には,『ちびくろサンボ』が人種差別を含む表現ではないかとされた。こうした問題が起こると,絵本や児童文学作品を出版する企業においては,多くの時間とマンパワーが皮相的な差別語の拾い出しと削除に費やされるといわれている。このようにややもすれば差別の表層的対応にのみ走る社会に対して,せっぱ詰まった具体的な差別の現実を直視し,「図書館の自由」という理念を根底から問い続ける作業の必要性が薄れることはない。

1995(平成7)年4月,警察当局は,「被疑者不詳」の令状を示し,国立国会図書館に立ち入り,94年1月から95年2月まで13カ月分53万人に及ぶ来館利用申込書のほか,おびただしい数の図書・雑誌・新聞の資料請求票と来館利用者の複写申込書を押収した。地

下鉄サリン事件の捜査活動の一環である。この事件自体は古今未曽有の凶悪犯罪であり,その立件に必要な範囲内では大いに合理性が認められるが,関係者以外の多数の人々の心の深奥と脳裡を映す図書館利用記録が犯罪捜査と現状の秩序維持に汲々とする警察の手に渡るということは,その図書館利用記録が予想外の用途に利用されることになり,冤罪の捏造や人権蹂躙の懸念もぬぐえず,表現の自由を越えて人権保障の本質をも備えるに至った「図書館の自由」の観点からも許しがたい暴挙だと思われる。この事件はその国の図書館の要である国立図書館で発生したもので,図書館界で喧伝されるわりには「図書館の自由」が定着していないことをはしなくも明らかにした。

　知的自由＝図書館の自由という基本的人権に直結する理念は,もっぱら公共図書館と学校図書館に適用されるものである。一般に,大学図書館や専門図書館では,それを利用する人たちが取り組んでいる課題や研究テーマは周知のもの,もしくは予見可能な範囲のものであり,そこでは知的自由＝図書館の自由は問題にはなりにくい。

4 「知的自由」(図書館の自由) 概念の構造

市民と公権力　　ここで図書館の世界における固有の理念である「図書館の自由」,つまり(アメリカにおける)知的自由の概念について,図式化して考えることにしたい。一般にアメリカの連邦憲法修正 1 条や日本国憲法 21 条が保障している表現の自由と,表現の自由を行使するための前提となる知る権利は,図 12-1 のように市民に対峙する国家権力に対して,出版や報道などの事前検閲や公表差止め,出版物の押収や廃棄を含む事後

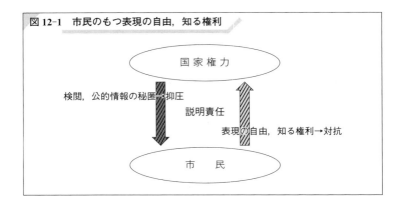

図 12-1 市民のもつ表現の自由，知る権利

の制裁，公的情報の秘匿などが国民主権の国家では許されないことを明らかにしている。表現の自由，知る権利は，一般に腐敗もしくは機能不全の統治権力に対抗するための**基本的人権**で，市民⟷公権力の二面関係のなかで論じられ，透明度の高い政治行政過程を確保し，政府に説明責任を果たさせる仕掛けといえる。

市民の図書館利用にかかわる公的権利

一方，「知的自由」（図書館の自由）という概念は，一定の反社会的事件をめぐって，誰からも干渉されない自由な読書を享受すべき市民である図書館利用者と，社会防衛を掲げて刑事捜査にあたる公権力との間に介在する図書館のあり方を規律するものである。すなわち，市民（＝図書館利用者）⟷図書館⟷公権力という直列三者関係の文脈において機能する。図書館利用者である市民は，知る権利を行使し，「公の施設」「教育機関」である図書館を平等に，かつ平穏に利用する法的権利をもっている。図書館は，利用者の知る権利に応えて，ありとあらゆる事柄に関する情報資料，対立するものの見方や考え方があるときにはそのいずれの立場の見解にもア

クセスする自由をも尊重し，利用者市民の「知的自由」を確保しなければならない責務を負う。限られた資料費のなかで，これまでの人類社会の知的資産の箱庭を造成しなければならない。創造的・批判的能力の向上が期待される利用者が求める情報資料を所蔵していない場合には，図書館協力（第7章参照）により，その欠を補う。ちなみに，市民はそこに公共図書館があることの反射的利益として図書館を利用する権利を認められるのではなく，一定の整備水準の図書館を享受する権利を有する。

　反社会的事件の捜査や公安・政治警察活動に従事する行政機関は，事案解決・予防のために必要な手がかりとなる情報を執念深く追及しなければならない。その過程においては，その活動により得られる社会防衛という公益に比例する範囲内で，また関係者の基本的人権など相互に抵触する諸利益との慎重な比較衡量をしつつ，捜査活動が展開されることが期待される。一般にその蓋然性は高いとはいえないが，関係する反社会的行為，反体制的活動をする者，またはしようとする者は，それらの行為，活動に必要な情報・知識，スキルを調達しなければならず，その大きな部分は文献情報を通じて獲得される。関係する文献情報およびデジタル情報は，図書館を通じて得られることが少なくない。公安・捜査機関の活動が図書館を射程に入れるのにはそれなりの合理性がある。

　しかし，殺人事件を素材とする推理小説を楽しむ者の多くは自らの手で他人を殺（あや）めることはしないし，銃器や刀剣，兵器に関する資料を読む者の多くはそれらを現実に使用しようとするわけではない。反体制派の思想に親近感をもつ人たちの大半もまた，その思想を行動に移そうとすることはない。市民に安心して図書館を利用してもらうためには，図書館は公安捜査機関の相手を定めぬ闇夜の射撃のような行為を許してはならず，無辜（むこ）の良民を拘束させることは断じ

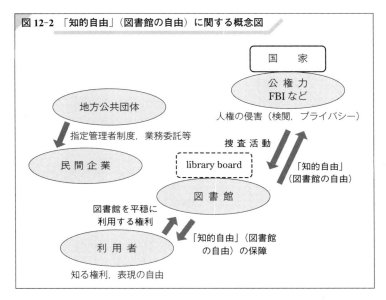

図 12-2 「知的自由」（図書館の自由）に関する概念図

て避けなければならない。違法不当な公権力の公安捜査活動に対抗する根拠となる理念が「知的自由」（図書館の自由）なのである。

図書館の主体性・独立性

「知的自由」（図書館の自由）の理念を確立しようとすれば，図書館の主体性・独立性が必須不可欠である。ここでは，『アメリカ図書館法』（レイデンソン，1988）を参照しつつ，アメリカの公共図書館の法制度的構造を確認しておきたい。日本の図書館行政にとっても示唆するところは小さくないと考える。

アメリカでは一般に，制度として，地域の名望家や図書館専門職の経験のある人たち数名のメンバーからなる図書館委員会（library board；日本の関係書では「理事会」と訳されることが少なくないが，いわゆる独立行政委員会の 1 つであり，「図書館委員会」と訳すべきものと考え

Column ⑫ 自分の'秘密'に鈍感な現代人

　1995年に『耳をすませば』というアニメ映画が公開された（現在ではDVDでも視聴できる）。200万人を超える観客を集めたヒット作品である。主人公である読書好きの中学3年の少女，月島雫は地元の公立図書館や学校の図書室を頻繁に利用する。雫が学校の図書室で借りようとする本のことごとくが，そのブックポケットに挟まれたカードに先回りするかのように天沢聖司という同級生の名前が記入されていた。その名も知らぬ男の子にほどなく出会い，次第に心を奪われるという心温まる思春期物語である。特定の図書につき過去の利用者の記録が残るニューアーク式という記名式の貸出方式でなければ，このアニメ映画のストーリーは成立しない。しかし，本文にも記した通り，図書館の世界では，建前としては，図書館利用に伴う「利用者の秘密」に関しては，裁判所が発給した捜査令状がない限り，図書館は絶対にこれを守らなければならないとされてきた。このアニメ映画が公開されたとき，日本図書館協会は映画製作者に抗議を申し入れている（が，功を奏することはなかった。雫の父親が「利用者の秘密」を守るべき公立図書館に勤務する司書という設定であったことも問題となりえた）。

　司書としての豊富な経験をもつある短大の先生は，学生たちにこの映画を見せたあとに感想を求めた。学生たちに図書館の自由がしっかり理解され，ニューアーク式への批判が出ることを期待されたようである。ところが，案に相違して，多くの学生は幼い恋心をはぐくむ機能を発揮したこの記名式の貸出方式に軍配をあげたとのことである。

　彼女たちを含む多くの'淋しい'現代人たちは，自分を危険から守る図書館の自由よりも，「好きな人とつながりたい」「自分のことをもっと知ってもらいたい」という気持ちのほうが強いのかもしれない。ネットをのぞいてものぞかなくても，右を見ても左を見ても，みずから発信したもの，そうでないもの，自分自身が知らないものまで，自分自身についての情報が流通している現実があることに気づいているだろうか。いまではSNS等での不用意な投稿が，ネットいじめや悲

惨な不同意性交事件などを生み出している（三苫, 2008）。

る）という合議制行政庁を構成する。徴税事務は地方公共団体に委任していても，この図書館委員会は独自の目的税を課し，図書館を管理しているため，図書館は組織外の圧力から一定程度遮断され，一応の独立性が確保されているとされる。日本の場合には，公立図書館は一般に教育委員会の内部の一部局にすぎず，教育委員会は事務局長である教育長の人事を通じて首長部局とつながるだけでなく財政的にも従属しており，法的に認められるとされる合議制行政庁としての独立性は形骸化していると見ざるをえない。教育委員会の公的審議は公開されているが，その議事録から教育委員たちの白熱する丁々発止の議論のようすをうかがえるとはいいがたい。

　公立図書館の設置主体である地方公共団体は少なからず財政危機の状態にあり，公財政の立て直し策のメニューのなかから，公立図書館の運営に関して部分的に業務委託させるだけでなく，なじまないとされている図書館経営への指定管理者制度★の導入に踏み切る地方公共団体も後を絶たない状況にある。公設民営の実質をもつ指定管理者が運営する図書館のなかには，個人情報の蓄積・利用を本業とする企業が経営する図書館も登場するありさまで，「図書館の自由」という日本の図書館界で育てられた理念が緊張感を失い，希薄化しているような印象はぬぐいがたい。

5 インターネット，デジタル化の浸透と知的自由・図書館の自由

> レコメンドエンジンと「図書館の自由」

図書館が所蔵している膨大な資料を的確に検索するために用いられるのは，かつては辞書体もしくはカード目録，現在ではOPAC（第3章用語解説参照）である。図書館利用に不可欠なOPACであるが，現在のOPACの仕様ではいささか時代遅れだと感じる人たちが少なくない。1文字間違って入力するとヒットしない不便さは論外であるし，情報検索についても高度情報通信ネットワーク社会の今日にふさわしい図書館サービスを期待する人たちも多い。アマゾン（Amazon）に限らず，「この本にアクセスした人の多くはこの本にもアクセスしています」「この本と同じジャンルの本にはこんなものもあります」という付加的サービスを提供するレコメンドエンジンを搭載したサイトはインターネット上ではめずらしくない。じつはこのようなサービスは，図書館のすべての蔵書をデータベース化し，発注から貸出・返却，廃棄までの図書館業務の自動化を実現している図書館にとっては，技術的には困難なことではない。障害になるのは，「図書館の自由」の理念である。とくに利用者の個人情報，アメリカの図書館でいわれるところのライブラリープライバシーが問題となる。図書館利用をめぐって図書館のコンピュータ，設置するサーバに蓄積されたデジタルデータの取扱いに関しての方針がそれぞれの図書館で，もしくは図書館界で確立されなければならない。

> ビッグデータと図書館サービスの向上 vs. 利用者の秘密

紙の本の売上を電子書籍の購読料金が上回っているアメリカのような先進諸国に比較すれば、日本の産業構造は拡大するEコマースに即応するよう、既存のビジネスモデルを抜本的に更新できてはいない。観光産業に注力し、オリンピックや万博というイベントに傾き、内発的なユニコーン企業が出現できないものとしている経済文化土壌は多くの問題をかかえている。

アメリカではとうの昔にほとんどすべての図書館で電子書籍・電子ジャーナル提供サービスが実施されている。電子書籍の'本体'は図書館ではなく契約した提供業者のサーバのなかにあり、図書館利用者は図書館ポータルを経由してこの業者のデータベースにアクセスしているのである。図書館と業者との契約が介在するが、利用者が今どの電子書籍（ファイル）のどこをどれくらいのスピードで読んでいるか、サーバの管理者には筒抜けである。クッキーが利用者の端末に送り込まれることもある。そこでログとして残される利用記録情報は、ビッグデータとして、業者がシステムの、そして図書館がサービスの向上のために、利用しうる余地がある。

また、最近では図書館業務とサービスに人工知能（AI）の利用について議論され一部には導入されているが、日本の一般社会では、先進諸国の議論と運用をひたすら後追いしている。

★ 用 語 解 説

愛国者法　正式の法律題名は、「テロリズムの阻止と回避のために必要とされる適切な手段を付与することによりアメリカを統合し強化する法律」（"Uniting and Strengthening America by Providing Appropriate Tools Required to Intercept and Obstruct Terrorism" Act）である。内容については、本文を参照のこと。現在は、米国自

由法に置き換わっている。

指定管理者制度　　地方自治法244条の2に定められている。図書館に限らず，広く公の施設の管理・運営を，株式会社をはじめとする民間の組織団体にゆだねる仕組み。民間のすぐれた知識とスキルを活用するものとされる。官民でいずれがコストパフォーマンスに勝っているかという市場化テストの論理に共通するところがあり，地方公共団体の逼迫した財政事情が背景にある。もっとも，本来的に公的主体がその主体性をもって図書館を設置運営するという世界の常識に違背するものであり，日本の図書館行政の異常性を端的にあらわしている。

ライブラリープライバシー　　アメリカでは，一般に，裁判所が図書館の主張を徴したうえで発給する令状がなければ，図書館とそこで働く職員は，第三者に対して，当該資料の利用者の同意なく，図書館利用記録を開示してはならない，とされる。そこで法的に守られる図書館利用者の利益を「ライブラリープライバシー」という。

読書案内

アメリカ図書館協会知的自由部編（川崎良孝，福井佑介，川崎佳代子訳）『図書館の原則——図書館における知的自由マニュアル 第10版』改訂5版，日本図書館協会，2022。

　日本の「図書館の自由」という概念に相当するアメリカの「知的自由」の理念に関して，その生成発展の系譜と現在の状況について，アメリカ図書館協会（ALA）という組織的立場から包括的にまとめられたもの。知的自由にかかわる諸問題に対するアメリカ図書館界の公的な方針も見て取れる。

塩見昇，川崎良孝編著『知る自由の保障と図書館』京都大学図書館情報学研究会，2006。

　アメリカの「知的自由」，日本の「図書館の自由」について編集された論文集。図書館組織と図書館サービスの根底をなす日米の基礎的理念に関し，歴史的生成，発展，現状と課題について理解できる。

第12章　知的自由と図書館の自由

引用・参考文献

日本図書館協会『中小都市における公共図書館の運営――中小公共図書館運営基準委員会報告』日本図書館協会,1963。

日本図書館協会『市民の図書館』日本図書館協会,1970。

三苫正勝「『耳をすませば』は『図書館の自由』の教材にならなかった」『図書館雑誌』102(10),p. 695,2008。(https://www.jla.or.jp/Portals/0/data/iinkai/jiyu/column04.html#200810)

レイデンソン,A.(藤野幸雄監訳,山本順一訳)『アメリカ図書館法』日本図書館協会,1988。

事項索引

■ アルファベット

AASL〔American Association of School Librarians：学校図書館員協会〕 173
ACRL〔Association of College and Research Libraries：大学・研究図書館協会〕 173
AI〔人工知能〕 142, 224
ALA〔American Library Association：アメリカ図書館協会〕 16, 28, 131, 173
Amazon →アマゾン
BL〔British Library：英国図書館〕 128
BLDSC〔The British Library Document Supply Centre：英国図書館文献提供センター〕 129, 132
BSH〔基本件名標目表〕 74, 114
CDL（Controlled Digital Lending） 153
CiNii Books 73, 124
CRL〔Center for Research Libraries：研究図書館センター〕 134
DAISY 85, 97
DDC〔デューイ十進分類法〕 28, 112, 113
DRM〔デジタル著作権管理〕 45, 143
eラーニング 167
E-R分析〔実体関連分析〕 105
ExLibris 125
FRBR〔書誌レコードの機能要件〕 105
——モデル 105
GIF〔グローバルILLフレームワーク〕 124
GIGAスクール構想 152
Google →グーグル
ICP〔国際目録原則〕 117
IFLA〔International Federation of Library Associations and Institutions：国際図書館連盟〕 135
——バウチャー制度 135
IFLA LRM 105, 110
ILL〔相互貸借〕 120, 124, 126
　国際（的な）—— 132, 135, 138
IRDB〔学術機関リポジトリデータベース〕 95, 148
ISBD〔国際標準書誌記述〕 104
ISBN〔国際標準図書番号〕 71, 109
JLA →日本図書館協会
JUSTICE〔Japan Alliance of University Library Consortia for E-Resources：大学図書館コンソーシアム連合〕 127
LASER〔London and South Eastern Library Region〕 129
LC〔Library of Congress：アメリカ連邦議会図書館〕 132, 145
LOD（Linked Open Data） 101
MILC〔Midwest Inter-Library Center〕 134
MLA連携 121, 153
NACSIS-CAT〔全国総合目録〕 124
NACSIS-ILL 124
NCL〔National Central Library：全国中央図書館〕 128
NCR〔日本目録規則〕 104
NDC〔日本十進分類法〕 42, 73, 83, 112, 113
NDL →国立国会図書館
NDLC〔国立国会図書館分類表〕 113

NDLSH〔国立国会図書館件名標目表〕 74, 114
NDLサーチ 91, 150
NLL〔National Lending Library for Science and Technology：国立科学技術貸出図書館〕 129
NPAC〔全米収書目録計画〕 134, 139
NPM〔ニューパブリックマネジメント〕 185, 191
OCLC〔Online Computer Library Center〕 131-133, 136
OPAC 43, 56, 63, 102, 223
PALINET 131
PDCAサイクル 185
RDA〔Resource Description and Access〕 104
RLIN 133
SCONUL〔Society of College National and University Libraries：国立・大学図書館協議会〕 173
SDI〔選択的情報提供〕サービス 67
SIBL〔Science Industry and Business Library：科学産業ビジネス図書館〕 16
TCR〔The Combined Regions〕 131
Teach Act〔Technology, Education and Copyright Harmonization Act of 2002：技術教育著作権調和法〕 152
TRC →図書館流通センター
UAPプログラム 135
UBCプログラム 136
USA PATRIOT Act →愛国者法
Wiki〔ウィキ〕 96, 97
WLN 133
WWW〔ワールドワイドウェブ〕 144

■あ 行

愛国者法〔USA PATRIOT Act〕 208, 224
アイスクール〔i-schools〕 →インフォメーションスクール
アウトリーチサービス 68, 77, 211
青空文庫 145
アーカイブ 96
アクセス・ポイント 118
アグリゲータ 94
足利学校 32
アマゾン〔Amazon〕 76, 87
アメリカ図書館協会 →ALA
アメリカ連邦議会図書館 →LC
アメリカンメモリー 145
アリアドネ 145
アレクサンドリア図書館 20
『怒りの葡萄』 209
委託販売制度 88
インキュナブラ〔初期揺籃本〕 23
印刷機 23
印刷資料 84
印刷資料共有計画 134
印象づけ 167, 174
インターネット情報資源 6, 91
インフォメーションスクール〔アイスクール〕 198, 199
ウィキ →Wiki
ウィリアムソン報告 196, 197, 205
ウェビナー 204
ウェブアーカイビング 149, 157
芸亭 30
英国図書館 →BL
英国図書館文献提供センター →BLDSC
英国図書館法 129
閲覧 41, 44, 62
──の中止 216
エンベデッドライブラリアン 76
大型書店 88
大広間図書館 24
奥付 23, 71
オープンアクセス 95, 153, 157

オリジナルカタロギング　72
オンライン書店　87

■ か 行

開架式〔制〕　28, 62, 112
科学産業ビジネス図書館　→ SIBL
学習支援　166, 168
学習指導　169
学習・情報センター　52
学術機関リポジトリデータベース
　　→ IRDB
貸　出　12, 41, 44, 63
　　──の中止　216
　　ビデオの──　12
貸出記録　215
貸出密度　188
貸本屋　34, 38
春日版　31
価値論　81
学校司書　53, 203
学校図書館　52, 168
学校図書館員協会　→ AASL
学校図書館法　52, 183
活　字　23
活字本〔刊本〕　22
活版印刷　22, 23
カード目録　102, 106
かな文字　30
カーネギー図書館　27
金沢文庫　32
紙　23
カレントアウェアネスサービス　67
巻子本　20, 31
漢　籍　31
刊　本　→活字本
管　理　180
規　格　188, 192
機関リポジトリ　95, 148
記　述　106, 109
技術教育著作権調和法　→ Teach Act

寄　贈　27
寄贈依頼　42, 69
貴族図書館　24
寄　託　69
貴重書　62
基本件名標目表　→ BSH
基本的人権　218
教育基本法　8
教育支援　168
教育的役割　9
共通閲覧証　124
経　典　29
キリシタン版　33
禁　書　210, 212
禁帯出　63
グーグル〔Google〕　145, 148
グーグルブックス　148, 154, 156
鎖付き図書　22
グーテンベルク革命　22
クリエイティブコモンズ　153
グローバル ILL フレームワーク　→ GIF
軍記物語　31
経営資源　184
刑務所図書館　54
ケータイ小説　93
外　典　30
ケニヨンレポート　128
検　閲　212, 217
研究支援　166, 168
研究図書館センター　→ CRL
健康・医療情報サービス　169
検　索　100
検索エンジン　76, 142
『源氏物語』　31
検　収　71
件　名　73, 108
件名作業　74
件名標目　114
　　基本──表〔BSH〕　74, 114
行為主体　108

事項索引　229

公開性　26
公開の原則　50
公共貸与権制度　135
公共図書館〔パブリックライブラリー〕
　4, 26, 48, 76, 89, 122, 128, 169
公共図書館法　26
公衆送信権　147
公正使用　→フェアユース
皇帝たち〔古代ローマ皇帝〕の図書館
　21
公的資金　123
購　入　42
　　共同――　127
公費負担の原則　50
公文書管理法　156
公立図書館　48, 122, 180, 215
古活字版　33
『古今和歌集』　31
国際交流の窓口機能　46
国際図書館連盟　→IFLA
国際図書館連盟収書コレクション構築部
　会　80
国際標準書誌記述　→ISBD
国際標準図書番号　→ISBN
国際目録原則　→ICP
国立科学技術貸出図書館　→NLL
国立国会図書館〔NDL〕　46, 127
国立国会図書館法　183
国立国会図書館件名標目表　→NDLSH
国立国会図書館分類表　→NDLC
国立大学図書館協会　173
国立・大学図書館協議会　→SCONUL
国立図書館　45
五山版　31
個人情報　215
個人向けデジタル化資料送信サービス
　152
コデックス　→冊子本
コピー〔複写〕　44, 64, 126, 136, 138
　　――サービス　64

コピーカタロギング　43, 72
コピープロテクション　143
小松原訓令　36
コミュニティ・アンカー　10
コミュニティレファレンス　77
コレクション　80, 184, 210
コレクション構築方針〔資料収集方針〕
　80
　　――作成ガイドライン　80
コンソーシアム　95, 127, 139
コンテンツシートサービス　67

■さ　行

財　源　184
再販制度　88
索引語　116
差止め　216, 217
雑　誌　82, 91
冊子本〔コデックス〕　21, 31
ザナドゥー　144
差　別　211, 216
産業革命　24
時間軸　187
資源共有　120
司書（司書補）　194, 196, 205
　　認定――制度　203, 205
司書教諭　53, 194
司書講習　200, 205
施設・設備　184
自然語　117
シソーラス　116, 170
実態関連分析　→E-R分析
指定管理者制度　190, 220, 225
指導サービス　165
『市民の図書館』　215
使　命　180
社会教育　169
　　――施設　49
ジャパンサーチ　156
写　本　23

ジャントー →討論クラブ
宗教改革　23
集中機能　107, 109, 116, 117
修道院　21
授業目的公衆送信補償金制度　152
朱子学　32
主　題　112
主題検索
　　自然語による——　117
　　統制語による——　116
十進分類法　16, 113
　　デューイ——〔DDC〕　28, 112
　　日本——〔NDC〕　42, 73, 83, 112
出版社　86
出版情報誌　90
『出版ニュース』　90
『出版年鑑』　90
出版流通　85
　　日本の——　86
生涯学習　8, 169
商事図書館　26
昌平坂学問所　33
情報資料　→資料
情報組織化　→組織化
情報提供　10
　　選択的——〔SDI〕　67
情報ニーズ　76
情報リテラシー　160
書　屋　29
書架分類　73, 112, 113
初期揺籃本　→インキュナブラ
所在記号　71
所在情報　109
書　肆　34
書誌情報　69, 90, 102
書誌分類　73, 114
書誌ユーティリティ　124, 133
書誌レコードの機能要件　→FRBR
書　店　87
書物出版取締令　34

書物奉行　33
私立図書館　36
資料〔情報資料〕
　　——知識　66
　　——の収集　41
　　——の選択　41, 210
　　——の選択基準　81, 210
　　——の提供　80
資料収集方針　→コレクション構築方針
知る権利　217
人工知能　→AI
人　材　184
新　聞　82, 91
新聞雑誌・書籍縦覧所　35
水墨画　32
スカンディアプラン　134
図書寮　29
生活動線　183
請求記号　42, 56, 71, 102
政策・法令　183
生産性　187
政府刊行物　84, 96
『西洋事情』初編　35, 38
整理業務　42
責任表示　106
設置母体　180
セマンティック・ウェブ　101
セルフアーカイブ　95
ゼログラフィ　15
全国書誌　46
全国総合目録　→NACSIS-CAT
全国中央図書館　→NCL
選　書　69
全米収書目録計画　→NPAC
専門職規範　209
専門図書館　53
総合目録　73, 77
相互貸借　→ILL
増　刷　109
蔵書家　34

事項索引

蔵書構成　5
蔵書目録　72
組織化〔情報組織化〕　6, 41, 76, 100
ソーシャルライブラリー　25

■た　行

大英博物館　24
大学・研究図書館協会　→ ACRL
大学設置基準　183
大学図書館　50, 123, 166
大学図書館コンソーシアム連合
　　→ JUSTICE
第三の場所　13
タ　グ　117
タトルテープ　75
ダブリンコア　101
陀羅尼百万巻　30
地域アーカイブ　96
地域資料　97
チェスト〔保管箱〕　22
逐次刊行物　91
秩父市立図書館事件　214
知的自由　81, 209, 218
地方公共団体　122, 222
中央図書館制度　36
『中小都市における公共図書館の運営』
　　215
中小レポート　215
聴覚的読書　21
著　作　108, 110
著作権　12
著作権法　64, 183, 191
著者標目　106, 107
通俗図書館　36
提　供　41
テクニカルサービス　62, 69
デジタル化　48
　　——保存　46
　　大量——　148, 153
デジタルコンテンツ　6, 43, 66, 76, 126
デジタル著作権管理　→ DRM
デジタルデバイド　162, 174
デジタルヒューマニティーズ　194
デジタルライブラリー　→電子図書館
デジタルレファレンス　65
綴葉装　31
粘葉装　31
デューイ十進分類法　→ DDC
典拠形アクセス・ポイント　→統一標目
典拠コントロール　108, 116
電子化　147
電子ジャーナル　51, 94, 125, 126
電子出版制作・流通協議会　93
電子情報資源　6, 65
電子書籍　7, 45, 56, 89, 93, 143, 224
　　——元年　149
　　——提供サービス　63, 224
　　——読み放題サービス　76
電子資料　6, 149
電子図書館〔デジタルライブラリー〕
　　48, 143, 145
統一標目〔典拠形アクセス・ポイント〕
　　106, 115, 116
東京書籍館　35
統制語　116
統制語彙表　116
動　線　183, 191
討論クラブ〔ジャントー〕　25
読　書　21
読書指導　169
読書センター　52
読書の自由宣言　211
読書バリアフリー法　183
図　書　90
図書館　4
　　——の外部環境　182
　　——の権利宣言　210
　　——の構成要素　6
　　——の使い方　165

ハイブリッド型の——〔ハイブリッドライブラリー〕 7, 45
図書館委員会 220
図書館員〔ライブラリアン〕 6, 66, 190, 196, 202
　——養成機関 196
　——養成教育 194
図書館共同体 121
図書館協力 80, 121, 122
　国際的な—— 135
図書館経営 180
　——の持続可能性 191
図書館コンソーシアム 121
図書館サービス建設法 131
図書館情報学 198
図書館職員 189
図書館資料 6, 52, 84
『図書館設立のための助言』 24
図書館統計 188
図書館等公衆送信補償金制度 152
図書館ネットワーク 121
図書館の自由 81, 216, 218
図書館の自由に関する宣言 213, 214
図書館パフォーマンス指標 188
図書館評価 188
図書館法 9, 37, 49, 181, 183, 195
　——の制定 213
図書館向けデジタル化資料送信サービス 151
図書館リテラシー 165
図書館流通センター〔TRC〕 90
図書館利用教育 160
図書館利用指導 160
図書館利用者 8, 28, 161
　——の秘密 215, 221
図書館令 36, 194
取次会社 86

■ な 行

日本十進分類法 →NDC

日本電子書籍出版社協会 93
日本図書館協会〔JLA〕 194, 204
日本目録規則 →NCR
ニューアーク式（貸出方式） 221
ニューアーク市立図書館 17
ニューパブリックマネジメント
　→NPM
ニューヨーク公共図書館 15-17
認定司書制度 204, 205
粘土板 20
納本制度 →法定納本制度

■ は 行

配架〔排架〕 42, 62, 71
　——方式 62
　固定式—— 112
ハイパーテキスト 144
ハイブリッドライブラリー〔ハイブリッド型の図書館〕 6, 45, 146
『博物誌』 24
パスファインダー 63, 77, 92, 167
パーチメント 21, 37
バックアップサービス 46
ハーティトラスト〔HathiTrust〕 154
パピルス 20
パブリックサービス 62
パブリックドメイン 153
パブリックライブラリー →公共図書館
版 108-110
万有書誌 24
非印刷資料 85
非営利組織 181
ビジネス支援サービス 16, 92, 169
ビッグディール →包括契約
ヒト・モノ・カネ 184
ピナケス 21
ビブリオテーキ 35
百万塔陀羅尼 30
『百科全書』 25, 37
評価指標 189

事項索引　233

表現の自由　210, 217
標題紙　71
標　目　106
ファーミントンプラン　133
フィクション論争　81
フィラデルフィア図書館会社　25
フェアユース〔公正使用〕　151, 157
複　写　→コピー
複　製　41
複製権　147
附帯施設論争　37
ブックポスト　63
仏　典　30
プライバシー　215
フリーパブリックライブラリー　35
プロジェクトグーテンベルク　145
文　庫　34
分類（作業）　42, 73, 102, 112
分類記号　42, 73, 112, 116
閉架式　62
米国自由法　208
別　置　75, 77
ペルガモン図書館　21
包括契約〔ビッグディール〕　125
法定納本制度　24, 34, 46, 56, 90, 149
法定納本図書館　127
保管箱　→チェスト
ボストン公共図書館　26
ホスピタリティ　202
保　存　24, 41
　　利用のための――　44
ポータルサイト　76, 150, 157

■ま　行

マルチメディアデジタルコンテンツ流通　76
マンガ　83
見計らい　69, 90
民衆の大学　9

無体デジタルコンテンツ　126
無料貸本屋（論）　11, 89
無料（の）原則　9, 50, 76, 180
メタデータ　100
　　――標準　101
メメックス　144
黙　読　22, 37
目　録　41, 102
目録規則　104
目録作業　42, 71
目録法　104
文字・活字文化振興法　183, 191
紅葉山文庫　33
文部省書籍館　35

■や　行

ユネスコ　7
ユビキタス　142, 156
要求論　81
読み聞かせ　68
予約サービス　64
42行聖書　22

■ら・わ行

ライブラリアン　→図書館員
ライブラリープライバシー　223, 225
ラーニングコモンズ　166
リカレント教育　204
リクエストサービス　64
利用案内　68
利用者教育　160
良書提供　36
レクリエーション機能　5
レコメンドエンジン　222
レファレンスサービス　44, 65, 143
レファレンスツール　65
レファレンスブック　65
レフェラルサービス　67
ワールドワイドウェブ　→WWW

人名索引

■ あ 行

有山崧　214
石上宅嗣　30
ヴァンスリック, A. A.　27
ウィリアムソン, C. C.　197
上杉憲実　32
エヴァレット, E.　26
エーベルト, F. A.　203
恵美押勝　30

■ か 行

カーネギー, A.　27, 28, 29, 197
カールソン, C.　14
九鬼隆一　35
グーテンベルク, J.　23
ゲスナー, C.　24

■ さ 行

佐野友三郎　36
ザビエル, F.　32
シェラ, J. H.　198
スタインベック, J.　209
スノーデン, E. J.　208
瀬島龍三　15
ゼノドトス　21

■ た 行

田中不二麿　35

ティクナ, G.　26
デイナ, J. C.　16
デューイ, M.　16, 17, 28, 196
徳川吉宗　33
豊臣秀吉　33
ドラッカー, P.　186

■ な・は 行

長尾真　145
中田邦造　37
ネルソン, T. H.　144
ノーデ, G.　24
バーナーズ-リー, T.　144
パニッツィ, A.　24
原田勝　145
福澤諭吉　35
ブッシュ, V.　144
フランクリン, B.　25
フランソワ1世　24
プリニウス　24
北条実時　32
ホッファー, E.　13
ボール, S. B.　17

■ ま・ら 行

森清　112
モルレー, D.　35
ライプニッツ, G.　24

【有斐閣アルマ】
新しい時代の図書館情報学〔第3版〕
Library and Information Science in the New Era, 3rd ed.

2013年10月30日　初　版第1刷発行　　2024年12月25日　第3版第1刷発行
2016年12月25日　補訂版第1刷発行

編　者	山本順一	
発行者	江草貞治	
発行所	株式会社有斐閣	
	〒101-0051 東京都千代田区神田神保町 2-17	
	https://www.yuhikaku.co.jp/	
装　丁	デザイン集合ゼブラ＋坂井哲也	
印　刷	萩原印刷株式会社	
製　本	大口製本印刷株式会社	
装丁印刷	株式会社亨有堂印刷所	

落丁・乱丁本はお取替えいたします。定価はカバーに表示してあります。
©2024, Junichi Yamamoto.
Printed in Japan. ISBN 978-4-641-22239-7

本書のコピー，スキャン，デジタル化等の無断複製は著作権法上での例外を除き禁じられています。本書を代行業者等の第三者に依頼してスキャンやデジタル化することは，たとえ個人や家庭内の利用でも著作権法違反です。

|JCOPY|　本書の無断複写(コピー)は，著作権法上での例外を除き，禁じられています。複写される場合は，そのつど事前に，(一社)出版者著作権管理機構(電話 03-5244-5088, FAX 03-5244-5089, e-mail:info@jcopy.or.jp)の許諾を得てください。